経営参謀の発想法

後 正武

PHP文庫

○本表紙図柄＝ロゼッタ・ストーン（大英博物館蔵）
○本表紙デザイン＋紋章＝上田晃郷

文庫本のためのはしがき

『経営参謀の発想法』をプレジデント社から出版したのは一九九八年ですから、この本が世に出てから、はや七年を越えました。その間毎年版を重ね売れ続けたことは、ひとえに読者の皆様の御支持の賜と感謝に耐えません。

幸いこのたびＰＨＰ研究所から今一度文庫本として再版し、より広く読者の皆様に読んでいただける機会を得ることができました。文庫本出版にあたっては、内容を全面的に更新するというアイデアもありましたが、経営戦略や組織運営の本質がそうそう変わるものではありません。時代に沿わない内容については一部手直ししましたが、ページ数の関係もあり、新しい内容をつけ加えると従来の本質的に大切な部分を削除しなければならず、それでは全体の整合がとれないということであえて大幅な変更は避けました。新しく書きたい内容もたくさんありますが、それについてはまた本を改めて述べさせていただくことにしたいと思います。

この本が経営戦略や組織の運営を考える皆様の何らかのお役に立てれば幸いです。

二〇〇五年七月

後　正武

はしがき

日本の経済が困難な問題に直面している現在ほど、経営参謀——トップを補佐し、戦略的発想に基づいて会社の未来像を描き、プログラムを構築し、その実施を具体的に指導・推進する機能——が必要とされているときはない。ところが、その経営参謀が必要な今ほど、企業内部でそのような人材が育ち難くなっている時代はないのではないか。

経済発展期を通じて、わが国には毎年のように新しい経営手法や概念が導入されてきた。最近の例でみても、フラット組織、SIS（ストラテジック・インフォメーション・システム）、リエンジニアリング、コア・コンピタンス、ベンチマーキング……みな海外で唱えられ日本に持ち込まれた、いわば外発型の手法・概念である。

しかし、かつてのQC（クオリティ・コントロール）のような、量産・品質の直接的事業ニーズと、日本型経営の諸条件（集団主義や同一平面での競争意識など）が一致したものを除き、多くは真に定着して成果をあげたとは言い難《がた》い。例えば、企業戦略の中核概念であるポートフォリオ（PPM）の語を知っている人は多いが、しかし社内の資源再配分や運用のために、本来の使い方で有効に活用している会社は少ない。かたちをつけるために、PPMの枠組みを用いることはあっても、予算作りや中期計画では、各事業部の申告に基づき総花的な取り上げ方をするのが実態ではないか。

経営のような実務の世界では、実行することと耳学問では、大きな差がある。

私は一九七七年マッキンゼー社に入社したが、その最初のスタディーで、当時プリンシパル（役員）に昇格し気合いの入っていた大前研一氏とチームを組むことになった。そのとき、実地の分析・立案、プログラム策定の作業を通じて、企業戦略はこのような合理的な分析や判断に基づいて構築すべきであること、それまでの自分の経験（ビジネス・スクールを含み）がいかに知識偏重で、「実施」という点で中途半端であったかということを思い知らされたものである。

その後、コンサルティング活動を行うなかで、私は、戦略の要諦は実は立案と同じくらい、「遂行」にあると考えるようになる。そしてその実行のためには、組織のアレンジが不可欠であり、その組織が人によって運営されている以上、最終的には「人」を考えなければ、あらゆる戦略は無意味であることを身にしみて実感しつつ今日に至っている。

この考えに基づき、本書では経営参謀としての戦略の実際を、「戦略策定」と「組織」とその組織を導く「リーダーシップ」の三つの視点で構成した。経営参謀の果たすべき役割は、戦略の立案で終わるのではなく、戦略を遂行し成功させることにあると考えるからである。

実は、プレジデント社から『経営参謀の発想法』というタイトルを提案されたとき、いささか抵抗を感じた。大前氏のベストセラー『企業参謀』（プレジデント社）とあまりに似ているからである。しかし、その後、考え直した。大前氏が開いた「戦略的発想法」を、いわばコンサルタントの弟子である私が、組織・リーダーシップに結びつける役割を果たすことに、それなりの意味があるのではないかと考えたからである。

戦後日本は未曾有《みぞう》の経済発展を遂げた。しかし成熟社会に入り、企業は今や大きな問題に直面している。まさに新しい時代を開くためにリーダーシップが必要なこのときに、我々はリーダーシップ不在／育たない、という問題を抱えている。日本的経営の前提（終身雇用、業界協調）が崩れつつあるだけでなく、「人が育つ土壌がやせてしまった」ことに問題がある。

この課題を解決し、新しい時代を開くには、今までのような外発型・外来知識導入型のアプローチでは不十分である。組織内部からの、根本からの変革を生むための、「戦略」と「組織」と「リーダーシップ」をセットにした内発型のエネルギーを考えざるを得ない。

本書が、日本企業の明日をデザインするうえで、また経営参謀として新たなビジネス活動を行っていくうえで、皆様のお役に立てば幸いです。

一九九八年三月

後　正武

経営参謀の発想法■目次

Chapter 2

自社の戦略を把握する

Chapter 3 新しい戦略を立案する

Chapter 4 組織を構築する

Chapter 5

リーダーシップを考える

Chapter 6 新しい時代への視点

Column

1

ビジネスにおける「戦略（ストラテジー）」とは？

POINT *1*　「戦略」という用語の登場

POINT *2*　戦果（アウトプット）をあげるための要件を考える

POINT *3*　軍事モデルと経営モデルの違いを考える

POINT 1

「戦略」という用語の登場

――「戦略」と「戦術」――大村益次郎の卓見

ビジネスの世界では、差別化戦略、価格戦略、技術戦略など、「戦略」という用語が多用される。もともとは軍事用語であるこの「戦略」が、なぜビジネスの世界で多用されるのか。そもそも戦略とは何か。戦略の意義を理解する糸口として、日本に初めて「戦略」という言葉を紹介した村田蔵六（のちの大村益次郎）のエピソードを手繰《たぐ》ってみよう。

◉戦討術と将帥術

「タクチーキのみを知ってストラトギーを知らざる者は、ついに国家を過《あやま》つ」と蔵六は語った。彼の愛した蘭学塾「鳩居堂《きゆうきよ》」を閉じるに当たっての最終講義での言葉である。これがおそらくわが国において、戦略（ストラテジー＝Strategy）という用語を明確に論じた最初の講義であったろう。

このとき蔵六はタクチーキを「戦討術」、ストラトギーを「将帥術」と訳していた。タクチーキとは、戦場で味方を勝利に導く術で、各級指揮官が任務を遂行する

1－1　「戦略」という語を明言した大村益次郎

大村益次郎は、日本で初めて「戦略」という言葉を紹介した。

ための技術である。これに対して「万里に貫通し、時勢を計り、政事に渉《わた》り、治乱興亡の理をあきらかにし、国家の大計を建て、三軍の令を司《つかさど》る」技術がストラトギーであり、将帥（または大本営）に必要な能力である。

蔵六の脳裏には、自藩・長州藩の危機があった。当時長州は水戸藩とともに、尊皇攘夷の〝家元〟として、日の出の勢いにあった。京の朝廷に食い込み、公家たちを操り、浪士を動かし、御殿場の英国大使館を焼き討ちして気勢を上げ、ついには天皇に攘夷断行の勅諚《ちょくじょう》を出させるなど、個々の事件を見ると、長州藩は「尊皇攘夷」という、異論の出ようのない流行の思想のもとに着々と幕府を追い込み、天下の人気をさらっているかに見えていた。

しかし蔵六には、それは無理に無理を重ねた空中楼閣であり、その権勢は幻影に過ぎないことがよくわかっていた。「より広い視野から内外の潮流を見て、根本的なバランス・オブ・パワーの推移を考えると、長州藩の個々の施策の戦術的勝利は、かえって自藩の存在を危うくしている。それは藩全体を指導するストラトギーが不在、または誤っていることの帰結である」と蔵六は考えていたのである。

果たして、その後の長州藩は、七卿都落ち、蛤御門《はまぐりごもん》の敗戦、四国艦隊による下関砲台の占領など、保守勢力の大反発と外国の圧力によって、逼塞《ひっそく》を余儀なくされる。

長州が再び維新のリーダーシップを握るのは、蔵六、高杉晋作らの活躍によって第二次長州征伐戦で幕府軍に勝利し、坂本龍馬の斡旋による薩長同盟が成立して以降の話である。

◉戦略と戦術

わが国では、軍事技術を指す用語として、「孫子の兵法」のように兵法という言葉が用いられてきた。この言葉は、宮本武蔵のような剣客も山鹿流の軍学者もともに兵法家と呼称するように、個人の戦術から軍の指揮運用に至るまで、武力を用いた戦闘にかかわる技術を幅広く指す用語である。

　蔵六は蘭学者の立場から、個人的な剣や槍の技術を別扱いにした上で、さらに兵の指揮運用の中身を、「タクチーキ」と「ストラトギー」に峻別して、「ストラトギー」の重要さを説いたのである。「タクチーキ」が、個々の戦場において局所の勝利を得るための技術であるのに対し、「ストラトギー」は、正しい目的と基本デザインに基づいて、大きな流れをつかみ最終的な勝利をもたらすための技術である。

　つまり、戦略は長期永続・大局的全体目標を取り扱う概念であり、戦術は、より小さな短期・個別の場面で局所的目標を取り扱う概念、担当者でいうならば、「戦術」がラインの専権であるのに対し、「戦略」はそのライン全体の統帥《とうすい》、すなわち最高司令部（大本営）の専務ということになる。

POINT 2

戦果(アウトプット)をあげるための要件を考える

――「戦力」は、戦略・戦術・戦技・志気の掛け算

前項では、大局的規模の戦略と局所的視点の戦術の違いを考えたが、実際の戦場における戦果は、戦略と戦術だけでは決まらない。個々の戦闘員の能力の有無、さらには個人・組織のモラール（志気）も重要な要素であり、この四つのどれが欠けても成果は生まれない。

私が大村益次郎を持ち出したのは、実は世に「戦略」の用語が氾濫しているために、勝敗を決める「戦力」を構成する諸要素を正しく認識し、制御可能な形で運用するという機能が見失われていると思うからである。製品・市場戦略とかランチェスター戦略はまだよいとして、××商品拡販戦略、在庫品一掃戦略、代理店開拓・指導戦略などと用いられると、将師術と戦討術の区別がつかなくなる。これではいけない。

この項では、将師術と戦討術の発想の枠を少し広げて、勝敗の要因、戦力の構成要素を検討してみたい。

例えば、勢力拮抗する両軍が決戦におよんだとする。勝負がつかないという場合はむろん少ない。多くは資源としての基礎的諸元はほぼ同等でも、わずかな戦力の違いが大きな結果の差を導き、一方の勝利、他方の敗退に終わるはずである。この極端な差は何から生まれるのか。

私はこの、同じ勢力を持ちながら、大きな結果の差を生んだ要因として、

- 両軍の本営がどのような作戦を立て、兵力配備を企図するか（戦略）
- 各級指揮官がそれをいかにうまく遂行するか（戦術）
- 戦闘に従事する兵員の能力は高いか（戦技）
- 戦勢の経過とともに兵員や各指揮官の戦闘意欲がどこまで保たれるか（志気）

――の少なくとも四つの要素があると思う。以下、わかりやすくするために、例をハワイ海戦にとって、説明したい。

◉戦略

いささか唐突に思われるかもしれないが、「戦略」とは「資源の配分」であると定義することができる。大本営の立場で（つまり、ラインの指揮官としての指揮権を持たないで）、限りある自軍の能力を最大限に活用するために可能な手段（自由度）は、第一義的には、行動の目的を明示した上で「自軍の資源を配分・配置するこ

と」につきる。そしてひとたび配置が決まれば、それらの運用は現場指揮官（ライン・マネジメント）に委ねるほかはない。

太平洋戦争の当初、日本軍にとっては鉄や石油などの資源を封じられた状態では戦争ができないから、南方からの資源確保が第一義的な行動目標であった。そのためには、南洋と日本を結ぶ輸送航路・制海権の確保が必要であり、その最大の脅威がハワイを基地とする米太平洋艦隊であったとしよう。ここで二つの戦略方向（資源配分方針）が考えられる。すなわち、南方航路の要所に艦隊を配置して直接船団を守るか、事前に敵の集結する根拠地に精鋭を配置してこれを撃滅するかである。この二つの選択肢の中から、空母艦隊を最も効果的に使用する手段として、山本五《い》十六《そろく》提督と軍の首脳部はハワイ攻撃を決定したのである。

◉戦術

敵の意表をついてハワイを叩くことが決定され、この戦略に基づいて隠密裏にハワイ近海への艦隊派遣に成功したとしよう。しかし、もし索敵がまずくて敵の位置を正しく把握できなかったり、タイミングや進入路が悪く、効果的に攻撃のできる体制を取れなかったり、攻撃が不徹底で十分な効果を上げられなかったりすれば、どうだろう（実際に、空母を取り逃がし、当然可能な第三次攻撃を停止したため、ハワイの戦果は不徹底であり、後のミッドウェーなどへの禍根を残したと言われる）。

すなわち、仮に戦略が優れていても、第一線指揮官の指導能力によって戦果は大きく左右される。戦術能力が不足すれば、戦略目的が果たされないことは明らかである。

事実、後のミッドウェー海戦では、戦略の是非は別としても、明らかな現場指揮の戦術上のミスで、一瞬にして精鋭の空母四隻と、技量円熟した貴重な飛行機搭乗員を失うことになる。

◉戦技

さらに、戦略と戦術が全て順調に運び、理想的な攻撃体形が組めたとしても、戦果が保障されているとは言えない。各飛行機から発射された魚雷が敵に命中しなければそれまでのあらゆる戦略・戦術上の努力が無駄となる。実際に搭乗員の練度が低下したため、太平洋戦争初期には八〇％を超えた爆弾の命中率は、末期には一〇％を割っていたという。

「百発百中の砲一門は百発一中の砲百門に相当する」と言ったのは日本海海戦で大勝利を収めた東郷平八郎提督であるが、戦技は与えられた資質のままではなく、比較的短い期間に改善可能な要素であることも戦力を考えるうえで考慮したい。

◉志気

ところで、この戦技能力は、実は志気によって非常に大きな差が生じる。同じ個人の戦技能力が、志気の高いときには十分に発揮されるが、志気が低下すると別人のように戦果が上がらない。開戦当初、猛威を振るった零戦《ゼロせん》が、後のマリアナの戦場では、アメリカ軍から「七面鳥狩り」と称せられるほどあっけなく落とされたと聞く。搭乗員の練度の問題のほか、疲労の蓄積などによる志気の低下のせいもあったろう。

◉戦力のデザイン

このように見てくると、「戦力」は、戦略・戦術・戦技・志気のおのおのの要素が、掛け算で総合されて発揮されるものであることがわかる。

つまり、

戦果＝「戦略」×「戦術」×「戦技」×「志気」＝一〇〇点となる。

どれが欠けても〇点である。

したがって、戦略立案に当たっては、単なる資源の物理的な配置だけでは不十分である。戦略目標を達成するために、戦術・戦技・志気の各要素を個別に認識した

1−2 戦力のモデル

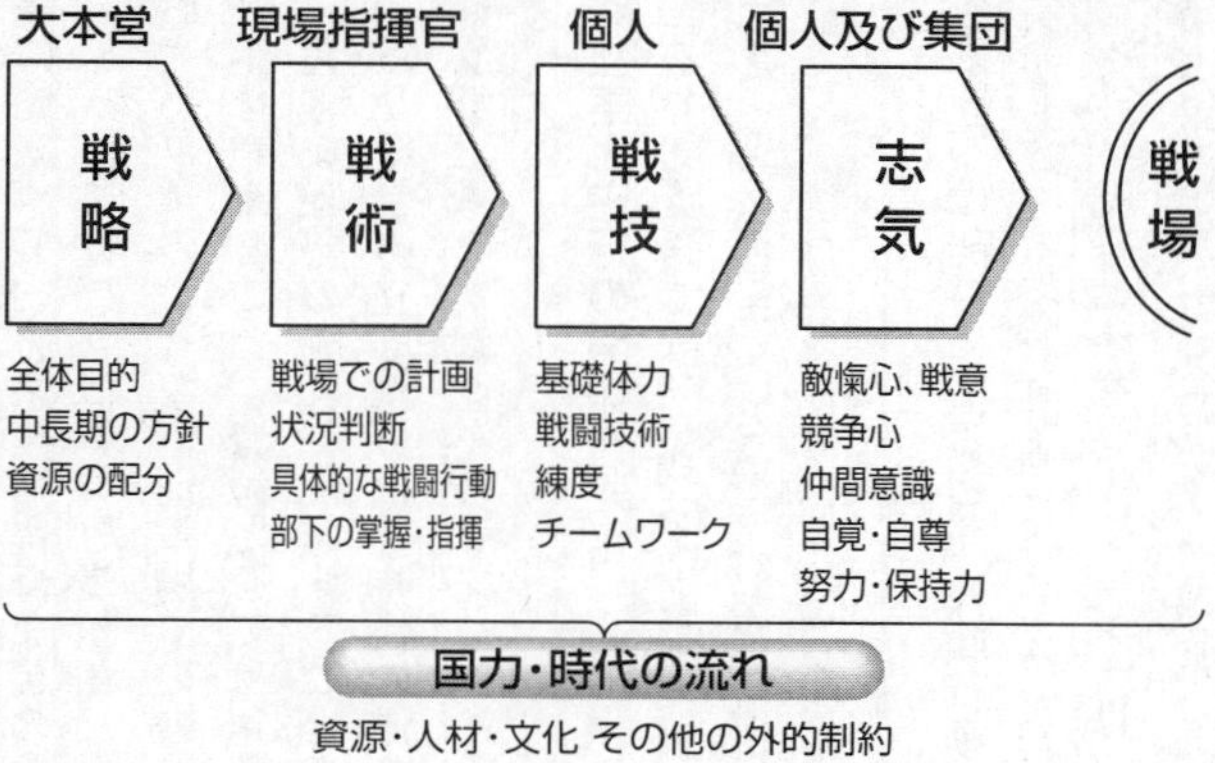

上で、戦いの大きな流れの見通しを立て、実行可能で最も効果の上がる具体的施策と、実行の手順を含むプログラムを立てることが、効果的な戦力をデザインする要件となる。

ハワイ開戦に先立って、航空隊は桜島をオアフ島に見立てて猛訓練を行い、搭乗員の練度は大いに上がったという。時間の要素を考えて、現場指揮官の戦術能力や戦闘員の戦技能力を高めることもまた資源の配分であり、志気高揚のための休養や情報活用もまた戦略的施策の一部である。大企業が多角化のために人と資本と社内ベンチャー組織だけを与えて新規事業展開戦略を試みても、なかなか成功しないのはこの戦技能力ゆえであることが多いし、マクドナルドが全国チェーン展開に先立って、店頭技術習得などのために「マクドナルド学校」を設立したことが、あの大成功につながったことも、頷けるわけである。

なお、ハワイのような個別戦場での戦略を超え、開戦か否かも含めた全体の方向と打ち手を考えること、資源としては軍事力を超えた全体の経済力や技術力なども含め、大きな戦勢の流れに配慮することが、実は、より根元的な意味での戦略思考といえる。経営の立場からは、時代の流れ、大局の趨勢を考えた大きな戦力のデザインが必要となるのは当然である。

◉戦略立案と遂行の関係

ところで、英語では、「戦略―戦術（Strategy―Tactics）」のほかに、「戦略―遂行（Strategy―Operation）」という対語がある（遂行という訳語は、日本語としてこなれていないので、以下「オペレーション」と音訳する）。コンサルタントの用語としては、「戦略vsオペレーション」という対語のほうがより多く用いられる。

“Operation”は辞書によると、「作戦行動、実施、手術、操作、作用効果、運転」などの訳があり、企画、計画に対する実行、実地、行動等、具体的行動のことを指す。つまり「戦略vsオペレーション」は、「企画vs実務」という対比としてとらえることができる。

1−3　戦略立案と遂行の関係

Strategy（戦略）	vs	Tactics（戦術）
Strategy（戦略）（企画）	vs	Operation（遂行）（実務）

目的・位置づけ
広い視野
長期的な視点／持続的効果
資源の再配分・運用

戦略は、その目的を果たすためには、一連の実務行動（経営の場合、購買、生産、物流、販売、広宣、採用、指導訓練等）によって実行され、実証されなければならない。この、現場の実務行動に移行する過程では、戦略を立案した本部は、単に資源を配分するだけでは不十分で、実行のための効果的なプログラムを作り、指導をし、進捗をチェックし、フォローアップを図ることになる。つまり、「戦略は立案した。実行はすべてラインに託す」ではなく、ライン移行後も、ライン間の調整・支援・推進・フォローアップ・フィードバックが必要になる。

ラインの立場もまた、単に遂行するだけではない。まず、実行プログラムを組み立てる段階で、現場の情報が必要であるから、プログラム作りには参加をするのが普通であるし、実行の過程でも、いろいろな障害要素の排除、他分野との調整の必要などから、プログラムそのものの状況に応じた変更、本部へのフィードバックが必要になる。

先の戦略・戦術・戦技・志気の図式で言うならば、現実の世界では、戦略は本部、戦術は現場指揮官、戦技は個人というように、画然と分かれるのではなく、遂行の過程では、本部も現場も個人もそれぞれ重なり合って、成果を上げるために協力する、という図式が成り立つ。

後の戦略立案（第3章）で述べるように、戦略というものは長期・大局的視点に立つ見通しとともに、常に現場の状況に立ち返って発想し、具体的に実行可能で効果的な施策を生み出し続ける、現実的で柔軟なものでなければならない。そのためには、オペレーションの実態をよく踏まえて立てられた戦略が、現実性の高い優れた戦略ということになろう。

POINT 3 軍事モデルと経営モデルの違いを考える
——軍事モデルに学ぶ

ここまで、軍事モデルを例に挙げて「戦略」の意味を説明してきたが、それは軍事モデルが、簡単でわかりやすいからである。しかし、経営の世界で「戦略」を語る場合には、軍事モデルではカバーできない要素も多い。経営の世界における「戦略」を考えるために、軍事モデルと経営モデルの違いを検討してみよう。

◉軍事モデルの明快さ

ここで、なぜ血臭い戦争の用語や概念が経営に多く用いられるかを考えてみよう。

それは軍事モデルが、社会現象にとってはいわば「実験室」的な諸条件、すなわち一般社会では明確にならない現象や状況をきわめて単純・明快に示す次のような要件を備えているからである。

- 軍事モデルの目的(勝利)が、単純でわかりやすいこと
- 組織・機能の階層が明確で管理体系がよく整備されており、命令→実行→結果の

図式が明らかであるため、判断や行動の良否・優劣の判定が下しやすいこと

●個人の生死、国家の存亡をかけているために、関係者があらゆる力を結集して戦うという極限状態での妥協のない行動であること

このような単純化された極限状態で生まれた概念は、たしかに非日常的な要素を含んでいる。しかし、そのためにかえって多くの組織が直面する問題とその解決の手段・過程を純化し、拡大してわかりやすく示すことができる。つまり、複雑で明快さを欠く日常社会現象に対して、〝実験室〟的な好条件がそろっているのだ。経営書として『孫子』が読まれたり、旧陸軍の「作戦要務令」が経営の参考になったりするのも、あながち、理由がないわけではないのである。

◉経営モデルは恋の三角関係

しかし経営には、以下に述べるように、軍事モデルではカバーできない要素も多い。

第一に、軍事モデルの基本的なプレーヤーは自軍と敵軍の「二者」であり、他は第三者として蚊帳《かや》の外に置かれる。ところが経営は、自社と競合他社だけでは成立しない。その両プレーヤーが対象とする「市場／顧客」の存在がある。この「市場／顧客」こそ、自社と他社が競争して働きかけ、売り込む、直接の対象者なのである。

1−4　軍事モデルと経営モデルの差

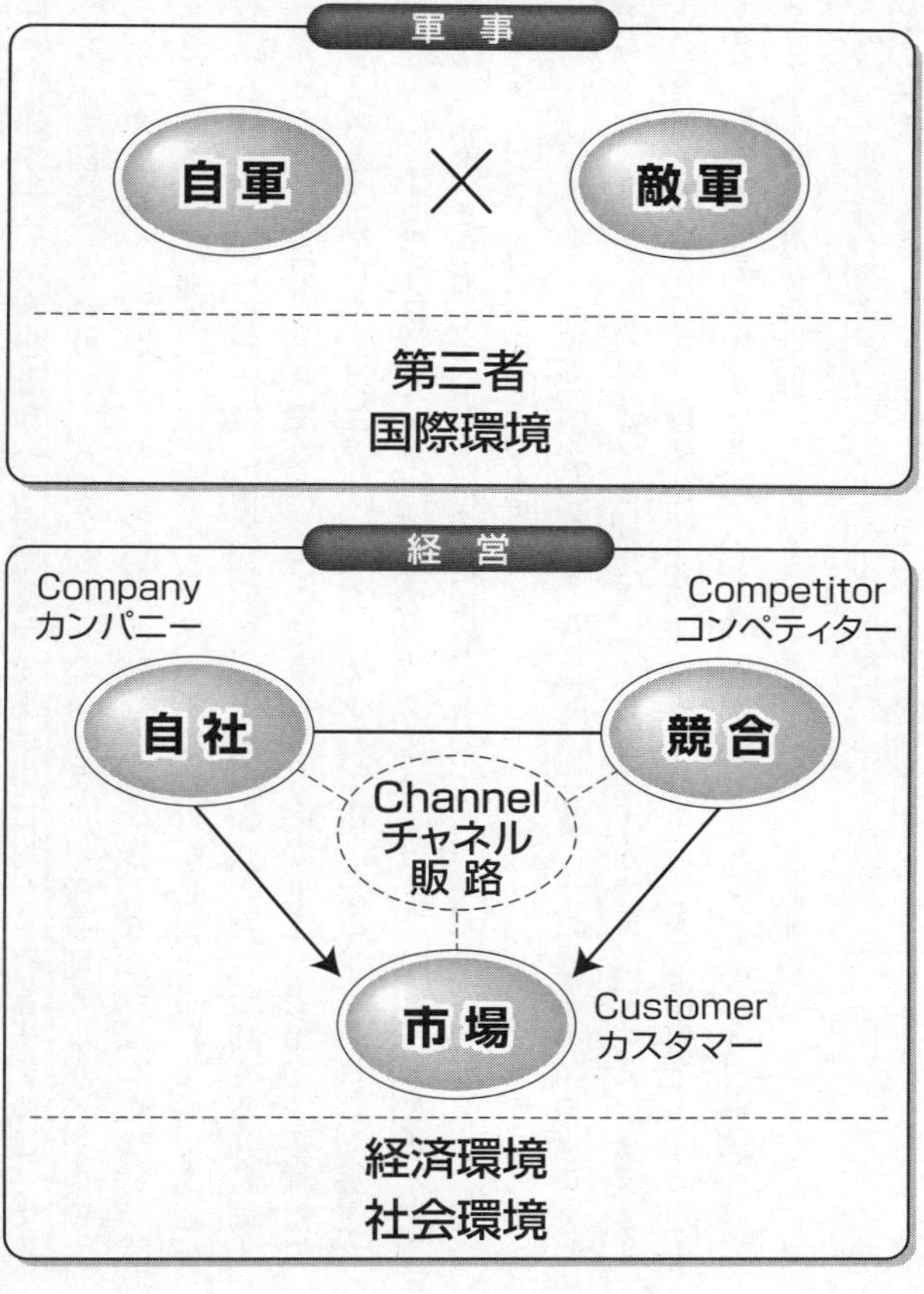

つまり、軍事モデルが単純な「二者関係」であるのに対し、経営モデルは、より複雑な「三者関係」であり、二者間の比較・競争・ゲームの原理のほかに、市場のメカニズムや顧客の心理など、やっかいで複雑な要素を扱わなければならない。すなわち経営における「戦略」には、より広く、多元的な視野が必要とされるのである。

経営におけるこの三者関係は、「市場（顧客）」という一人の女性をめぐる恋敵同士が、なんとか女性をライバルでなく自分のほうに振り向かせようと努力する様に似ている。このことから、「3C」、すなわち「カンパニー（Company＝自社、企業）」「コンペティター（Competitor＝競合）」「カスタマー（Customer＝市場／顧客）」の三者関係は、「恋のさやあて・三角関係」に擬せられる（これを最初に言ったのは、マッキンゼー社にいた大前研一氏であると思う）。

私の場合は、市場の全貌をつかむとき、意識的に「3C」のほか第四のプレーヤー「チャネル（Channel＝販路）」を加えた「4C」モデルを使っている。チャネルは独立の意思と要求を持ち、自社と顧客の間を取り持ち、ときには自社と恋敵を手玉にとる「局外中立でない第三者」、いわば「仲人」である。この「4C」については、第3章―2「現状を把握・分析する」の節で詳しく解説する。

◉目的の共有

軍事モデルと経営モデルの違いの第二は、前者は行為と結果とが「勝敗」の形で明確に見えやすく、敗北は生命それ自体の危険を意味するため、目的が全軍に共有されやすいのに対し、経営モデルは、目標設定と行為と結果の関係を明らかにしにくいことである。

会社の究極の目的は、言うまでもなく経営の健全な持続と拡大、そしてそのための利益であろう(これを経営の用語で「ゴーイング・コンサーン」という)。しかし「成長」や「ゴーイング・コンサーン」では、軍事モデルの「戦闘の勝利」や「敵の撃滅」といった、唯一無二の明確な目的と比べると、組織が共有する具体的な行動目標としては、迫力にとぼしい。

このようなわけで、目的が明確でないだけ、経営組織では組織全体を統合する求心力が薄れがちになり、売上、シェア、配当の維持、従業員の身分保全、社会的責任など、個人や部分組織の個別目的が優先されがちである。その結果、組織としての戦略が定義されにくく、プログラムが整然と実行されにくくなるのである。

この意味で、かつてブームを呼んだ『エクセレント・カンパニー』(トム・ピーターズ他著、講談社)に示された、優れた会社の第一条件は「行動すること」、第二条件は「顧客志向であること」という指摘は、示唆に富む。

経営の対象となるものは、究極的には「市場／顧客」であり、社内の開発・製

1−5　優れた会社の条件

一、行動すること
二、顧客志向であること
（『エクセレント・カンパニー』より）

↓

最終的には……

顧客のニーズを満たす

造・販売も、それをサポートする人事・経理などのプロセスも、最終的にはこの「顧客のニーズを満たす」ために存在する。

そして、「顧客ニーズ」を、他社に打ち勝って自社で占有する（恋に勝利する）ためには、黙って見ていたのではだめで、それなりの「行動」がなければならない。だから、組織各分野の具体的な行動は、この、「恋に勝利する」（市場ニーズを満たす）ために全体として求心的に統合されていることが必要である。

経営者に必要なのは、複雑に機能分化した有機体としての企業組織を求心的に統合しつつ、恋に勝利するために組織の行動力を最大限に発揮させることであろう。

2

自社の戦略を把握する

POINT *1*　自社の戦略を理解・確認する

POINT *2*　製品・市場分野別の資源の配分を考える

POINT *3*　ビジネス・システムを考える

POINT *4*　機能別の戦略を考える

POINT 1

自社の戦略を理解・確認する

――隠れた戦略＝インプリシット・ストラテジー

第2章では、実際の経営で「戦略」を考えるための、具体的な方法論に入る。そのためにはまず、現在の自社の戦略が何であるかを理解することが必要なはずである。しかし現実には、自社の戦略が何であるかを明快に言える人は少ないようである。戦略構築の前提として、まずは、過去から現在にわたって行われてきた自社の戦略を確認する作業から始めることが必要である。

◉戦略がないことも戦略

インプリシット（Implicit）は、エクスプリシット（Explicit ＝明白な、明らかな）の対語で、「明示されていないが、中に含蓄・包含されている」ことを意味する。したがってインプリシット・ストラテジー（Implicit Strategy）は、直訳すれば「隠れた戦略」ということになる。

コンサルタントをしていると、よく「わが社は、戦略のないのが戦略です」という経営者にお目にかかることがある。しかし企業として現在があるということは、実はその会社の「内なる戦略」が行われてきていることにほかならない。つまり第1章で述べたように、経営戦略を「ヒト、カネ、モノ」という資源の配分と考えれば、現在の経営の成果は、企業が過去に行ってきた資源配分とその運営に関する行為の結果であることは、否定できない。

したがって「自社の戦略を理解する」ということは、このインプリシット・ストラテジーを理解することと考えられる。

例えば、開発にあまり資源を投入せずに、外国からの特許や製品を導入し、そのかわりに販売ルートの開拓に力を入れてきた企業がある。その一方で、開発力なら強いが販売力が弱いので、販売はＯＥＭ（相手先ブランドによる生産）が多い企業もあるはずだ。同じ業界にあっても、得意な製品の分野は会社によって違う。これらはすべて過去の資源配分と運用の結果と言える。

大切なことは、このような現在の結果を生んだ過去から現在までの「戦略」が何であったかを自覚し、共有化することである。それによってはじめて、「戦略を自覚し、批判し、考え、新たに構築する」というプロセスが生まれる。

もちろん、「エクスプリシット」に戦略を表明し、社をあげて邁進してきた会社もあろう。世間への表明と現実の配分は大きく差があり、インプリシット・ストラテジーとエクスプリシットなそれが大きく違う会社もあろう。いずれにしても、必ず存在する自社の「インプリシット・ストラテジー」を自覚することが必要かつ今後の戦略構築に有効である。

◉自分を映し出す「姿見」が必要

インプリシット・ストラテジーを論じるとき、私はよく「姿見」の話をする。「姿見」とは、部分ではなく、全身を背景（市場・競合など）の中に置き、自分を眺める鏡のことである。容姿を命とする役者が、自分の姿を毎日「姿見」で眺めるように、企業の戦略を考える際には、自社の戦略を「姿見」に映し出して見直す工夫があってもいい。

自社の戦略を映し出す構造はどのようなものか。姿見の装置として、左図のようにタテ軸に市場・製品を、ヨコ軸に会社の中の業務の流れ（ビジネス・システム、詳しくは後述）をとって考えるのが一つの方法である。

それぞれの中にどれだけの「ヒト、カネ、モノ」（設備、技術など）が配分されているか、過去からどのような過程を経てきたか、それが過去と現在の売上・収益や市場での競合状況にどのように反映しているか、資源の投入と成果の効率はどうであったか、などを考える。自覚して、このような姿見を備えている企業が、果たし

2−1　自社の資源配分

	開発	調達	生産	販売	…
（衣料品メーカーの例）					
ブランド服					
一般紳士服					
婦人服					
子供服					
⋮					

業務の流れ
（ビジネス・システム）
ビジネス・システムを考える

市場・製品（PPM）
製品・市場別の資源配分を考える

どの枠にどれだけ資源が配分されているか

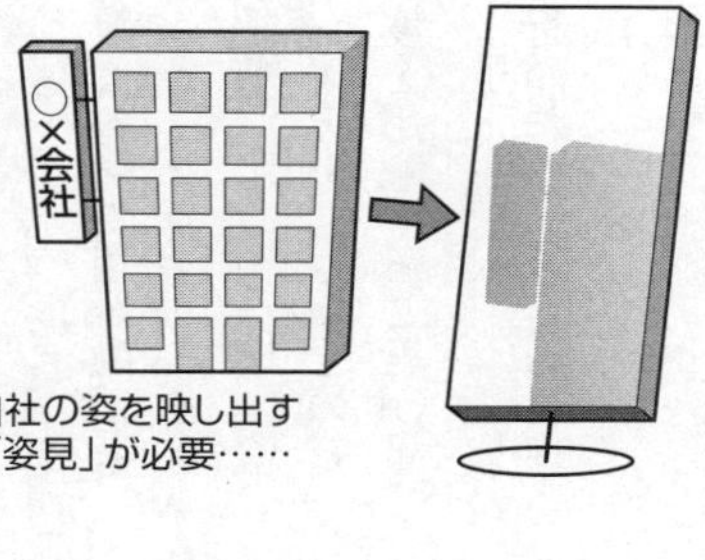

自社の姿を映し出す
「姿見」が必要……

てどれだけあるだろうか。

◉敵を知り、比較すること

孫子曰く、「敵を知り、己を知れば、百戦して殆《あや》うからず。敵を知らずして己を知れば、一たびは勝ち、一たびは敗る。敵を知らず、己を知らざれば、戦う度に必ず敗る」。

軍事モデルを引き合いに出すまでもなく、戦略とは、常に敵との間で相対的に考えるべきものである。

その意味では、敵は自分の「鏡」であるとも言える。自分を眺める姿見には、「常に相手と比較し、どこに違いがあるか、それが、どのようにシェアや利益などのビジネスの結果に結びついているかを検討する」という相対尺度を用意することが重要な意味を持つ。

次節からの説明は常にそのような相対比較の枠組みの中で行われるべきものと理解していただきたい。

POINT 2

製品・市場分野別の資源の配分を考える

──PPM(Product Portfolio Management)

PPMは、自社の戦略を分析・診断し、解決方法を探るためのスタンダード・アプローチである。「自社の強さ」と「市場の魅力度」をタテ、ヨコのマトリクス上にプロットすることが、部門間の資源配分の可否と再配分の方向を考える上で、絶好の思考の枠組みとなる。

◉PPM──製品・市場／事業単位別資源配分のアプローチ

ポートフォリオというのは、「紙ばさみケース」の意味で、例えば投資先別に要件をまとめた一枚の紙をいくつも紙ばさみに入れ、その中から最適な組み合わせを選ぶ、というイメージである。転じて、複数の選別対象である調達先、製品、人物、作品などの一覧表のような意味に使われる。

プロダクト・ポートフォリオ・マネジメント(PPM)は、多岐にわたる事業部門を抱え、競争の激化と収益の低迷、キャッシュ・フローの不足、人件費の高騰などに悩んでいたゼネラル・エレクトリック(GE)社が、ボストンコンサルティン

2-2 PPM（プロダクト・ポートフォリオ・マネジメント）

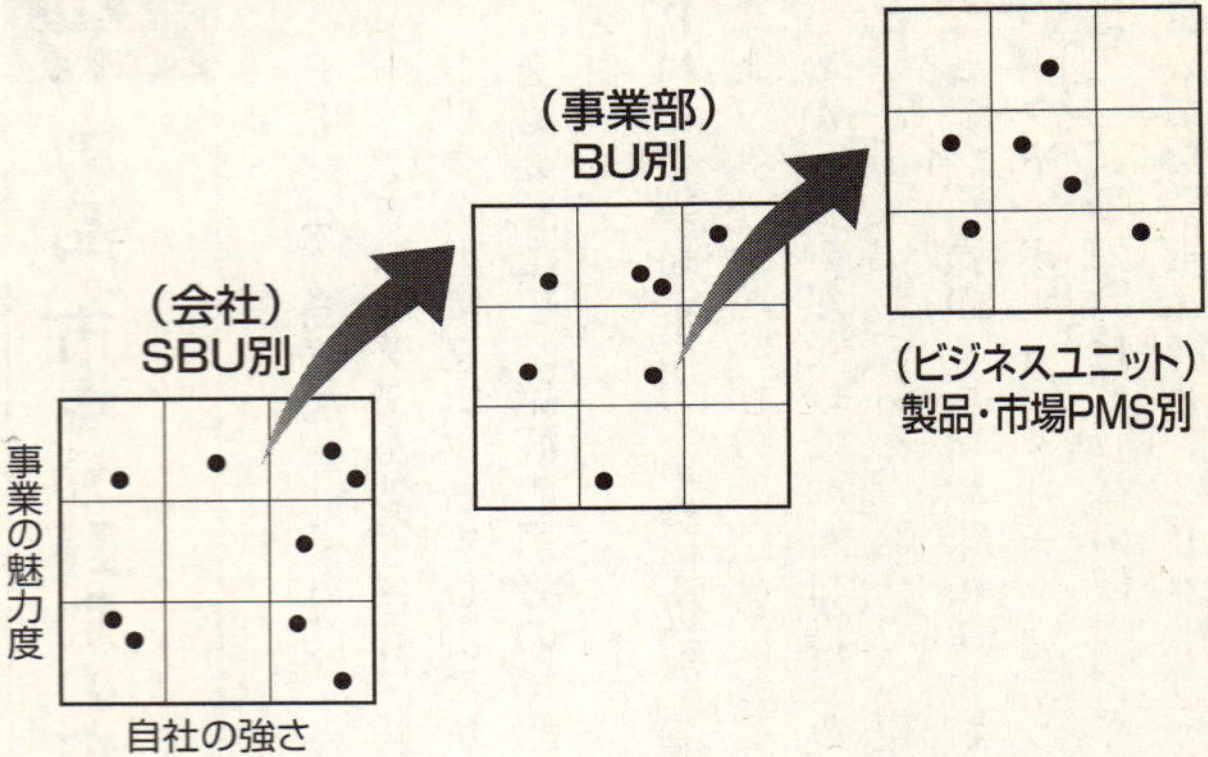

グループ（BCG）社、マッキンゼー社等の外部コンサルティンググループを活用して、一九七〇年頃、生み出した経営手法である。基本的には、自社の事業について、製品・市場（Product/Market）と、それをまとめた製品系列（Business Unit＝BU）と、さらにそれをまとめた戦略事業単位（Strategic Business Unit＝SBU）別に、それぞれ自社の強さを表す内的変数（ヨコ軸）と、市場の魅力度を表す外的変数（タテ軸）を事業平面に表す手法である。この作業が現在の資源配分の可否を診断し、どの方向に再配分すべきかを検討するための思考の原点となる。

GE社はこの手法を用いた結果、通信放送機器、コンピュータ部門を手放して大量のキャッシュ・フローを得、原子力と航空機エンジン部門を強化して、売上、収益性の大幅改善に成功した。

なお、事業部門が少ない場合や単一事業の場合にも、このステップが少なくなるだけで、資源配分と事業のバランスを考えるという基本は同じである。

◉二軸に分けて考える

自社の戦略を自覚する最も基本的な方法は、現在の自社の姿を、このポートフォリオの上にプロットすることである。市場でのシェアは、そうした過去の各市場への資源投入（戦略）の結果である。

このシェアを、それぞれの製品・市場の重要度との関係で評価することによって、過去の戦略の内容をある程度考えることができる。

問題を単純化するために、次ページの図のようにヨコ軸にシェアを、タテ軸に過去一〇年間のそれぞれの製品・市場の成長規模をとって自社のA、B、C、Dの四つの製品をプロットしてみよう。図から見ると、成長の大きかったA、Bの市場のうち、Aはしっかり資源を投入してシェアを獲得したが、Bは資源投入が相対的（対他社）に少なかったか、投入資源が有効に活用されなかったかにより、低シェアに甘んじたことが推定できる。

2−3　4つの商品の市場規模とシェアの関係（例）

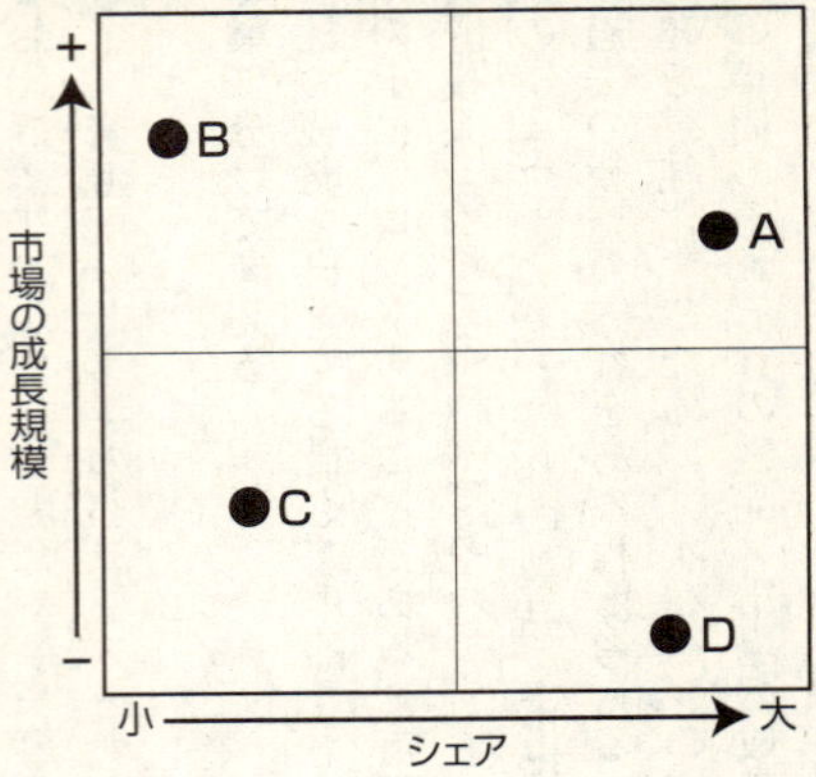

逆にDは、衰退市場に相対的に高い資源を投入して高いシェアを維持したと推定できる。そうすると、Dの市場に投入するよりは、もっとBに有効に投入して、Aと同じように高シェアを目指すべきではなかったか、という疑問がわく。

シェアは高ければよいというものではない。限りある資源を、有望な市場にいかに有効に活用したかが問題だということがわかる。

◉軸の構成要素を考える

もちろん、問題はこれほど単純ではない。戦略的な意義を考えるためには、ヨコ軸は単に結果としての相対的な強さの指標である「シェア」だけでは不十分で、会社の努力次第で影響を及ぼし得る

2−4　軸の構成要素（例示）

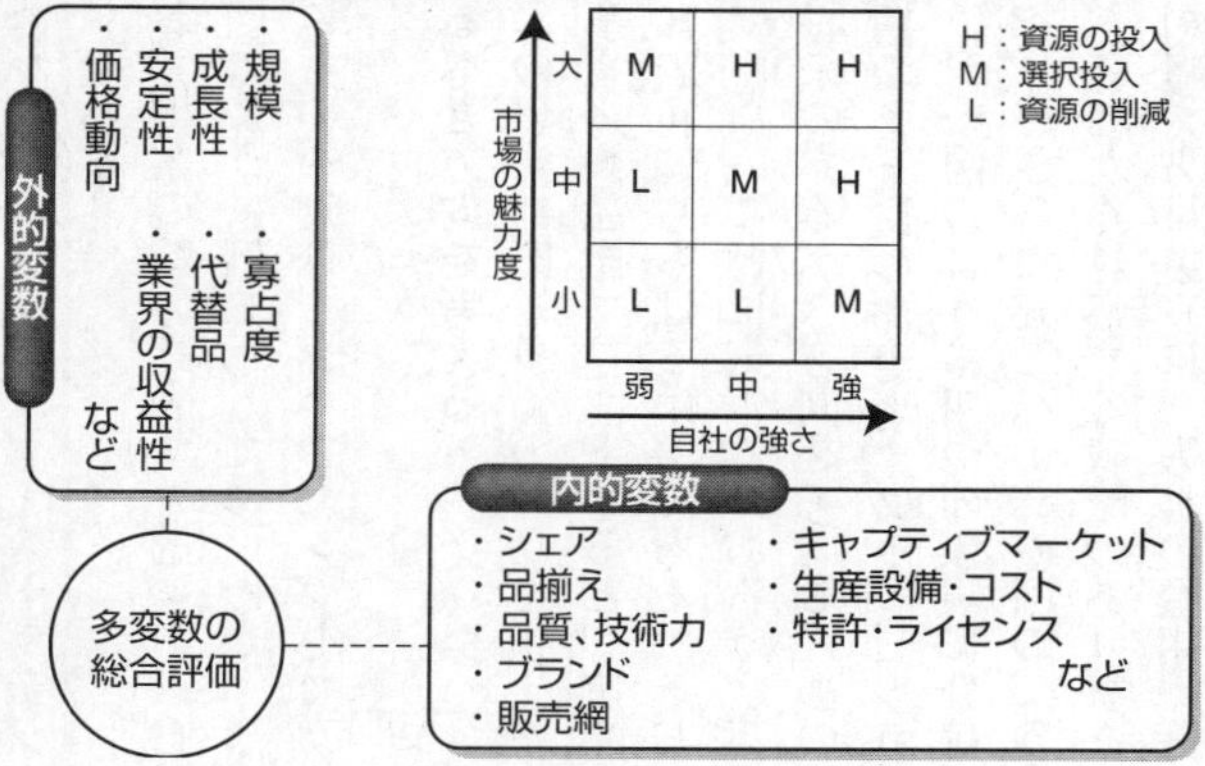

内的変数、例えば販売力、技術力、コスト、生産設備、その他潜在的な自社の強さを表す要素を、総合的に考える必要がある。

同様にタテ軸は、事業（あるいは製品・市場）の客観的な魅力を示す指標として、市場、競合、収益性、ライフサイクル上の位置づけなど事業固有の要素と、その他社会的・政治的要素などの、自社が自由に操作できない外的変数を総合的に検討する必要がある。

このようにして、「事業の魅力度」と「自社の強さ」を表す事業マトリクスの上に、製品や事業単位をプロットすることで、今まで会社が、有望市場か否かという、自社の強さを活かせるか否かを正しく見極めながら資源の配分を行ってきたか否か、インプリシット・ストラテジーの内容とその当否を理解することができるはずである。

なお、事業の魅力を表す外的変数、自社の強さを表す内的変数の内容は、前ページの図のように例を示しておいたが、事業・製品の具体的な状況により、妥当と思われるものを選び、グルーピングしてケース・バイ・ケースで判断すべきである。

◉あるべき方向を考える

多くの事業部門、多くの製品を抱え多様化した大企業の場合、このようにして現在の事業／製品をプロットすると、実にさまざまな製品・事業が、事業マトリクスの上に広範にちらばるはずである。そして全体から見て会社の資源が最適の配分になっていないことに気づくであろう。事業マトリクスは、過去の戦略の当否を診断し、将来のあるべき方向を考えるための枠組みとして、きわめて有効なのである。

初期のＰＰＭの開発者ボストンコンサルティンググループ（ＢＣＧ）は、これを次ページの図のように四つの象限に分けて戦略を考える基準とした。マッキンゼー社はそれをさらに五二ページの図のように九象限に分け、会社の状況や市場のニーズにきめ細かく対応する戦略のあり方を考えた。

この考え方はさらに、人材の登用や評価の基準などにも活用することができる。

2–5　製品市場のマトリクス（BCG）

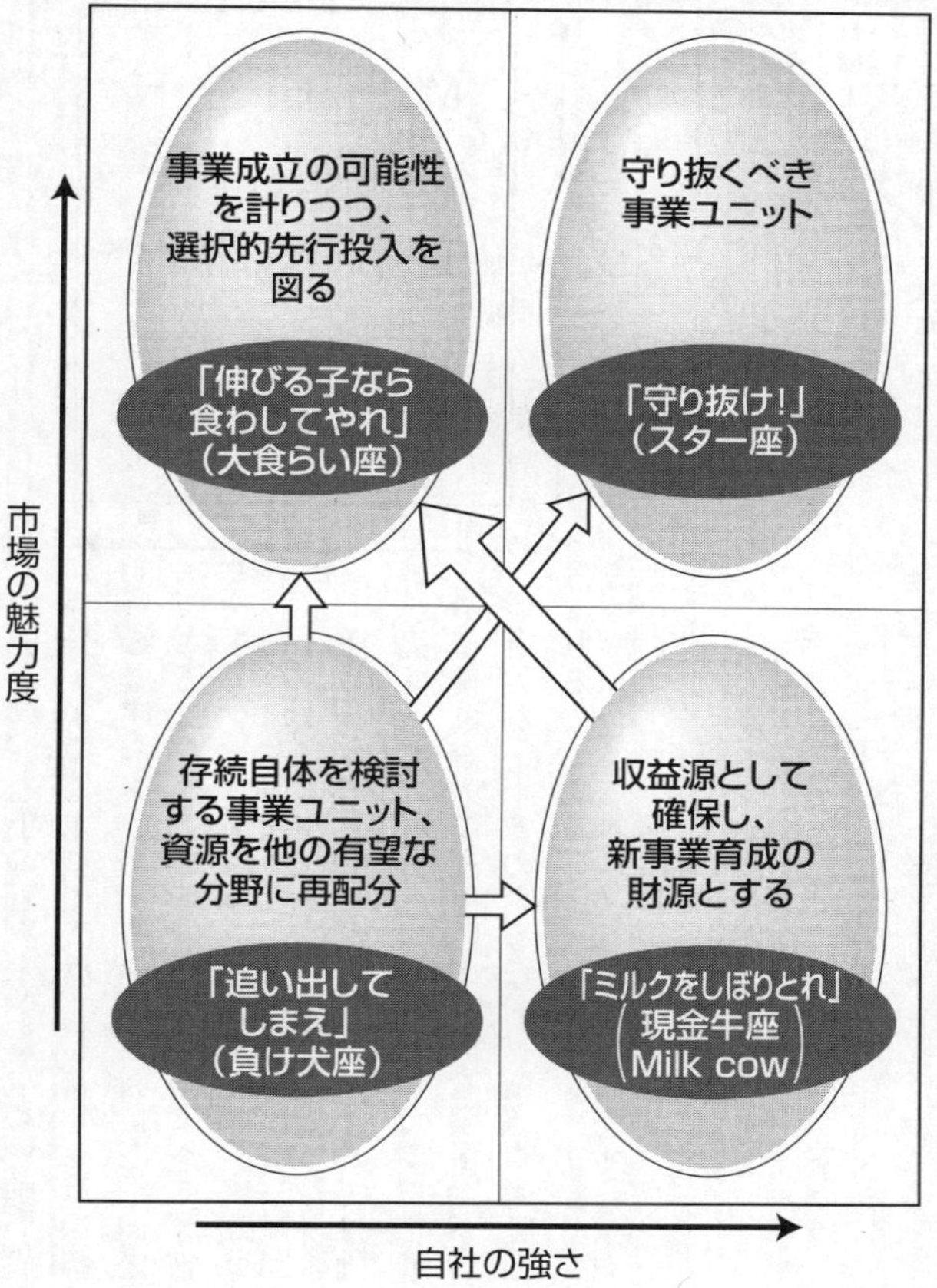
事業成立の可能性を計りつつ、選択的先行投入を図る
「伸びる子なら食わしてやれ」
（大食らい座）
守り抜くべき事業ユニット
「守り抜け！」
（スター座）
存続自体を検討する事業ユニット、資源を他の有望な分野に再配分
「追い出してしまえ」
（負け犬座）
収益源として確保し、新事業育成の財源とする
「ミルクをしぼりとれ」
（現金牛座 Milk cow）
市場の魅力度
自社の強さ

2-6 プロダクト・ポートフォリオの概念（マッキンゼー社）

H：資源の投入
M：選択投入
L：資源の削減

市場の魅力度 ＼ 自社の強さ	弱	中	強
大	M	H	H
中	L	M	H
小	L	L	M

例えば、右上のHゾーンは攻めに強い成長・規模追求型の人材、Lゾーンは冷静なリアリストで、リスクを排除し、時としてはシェアを下げることによって評価されるという具合である。Mゾーンについては、右下と左上を性格の違う人材に任せる方法もあるが、場合によっては両者を一つのグループとしてバランス感覚に優れた人を配置し、妥当な資源の移行を図る――このような人材配置も考えられるのである。

POINT 3

ビジネス・システムを考える

——社内のどの機能に、どのような資源が配分されているか

ＰＰＭが複数の製品・事業間の資源の配分を考えるツールであるのに対して、ビジネス・システムはその中の一事業を取り上げて、その事業内部の機能別資源の強弱・当否を考えるツールである。この両者を併用することにより、自社のインプリシット・ストラテジーを理解することができる。

◉インプット・アウトプットのシステム

企業組織は、通常、人事・経理などの管理部門、生産部門、開発部門、営業部門、海外事業部門のように機能別に分掌され、それぞれの役員の下に部門独自の合理性、効率を追求するようにデザインされている。

しかし、これを一つの製品、一つの事業分野のみに焦点を当てて考えてみると、組織は外部からヒト・カネ・モノの資源を取り込み、企画・開発、調達、製造、販売のプロセスを通して、ユーザーに製品・サービスなどのアウトプットを届ける一つの「Ｉ／Ｏ（インプット・アウトプット）システム」と考えることができる。

2−7　ビジネス・システムは、組織をひとつのI/Oシステムとしてとらえる

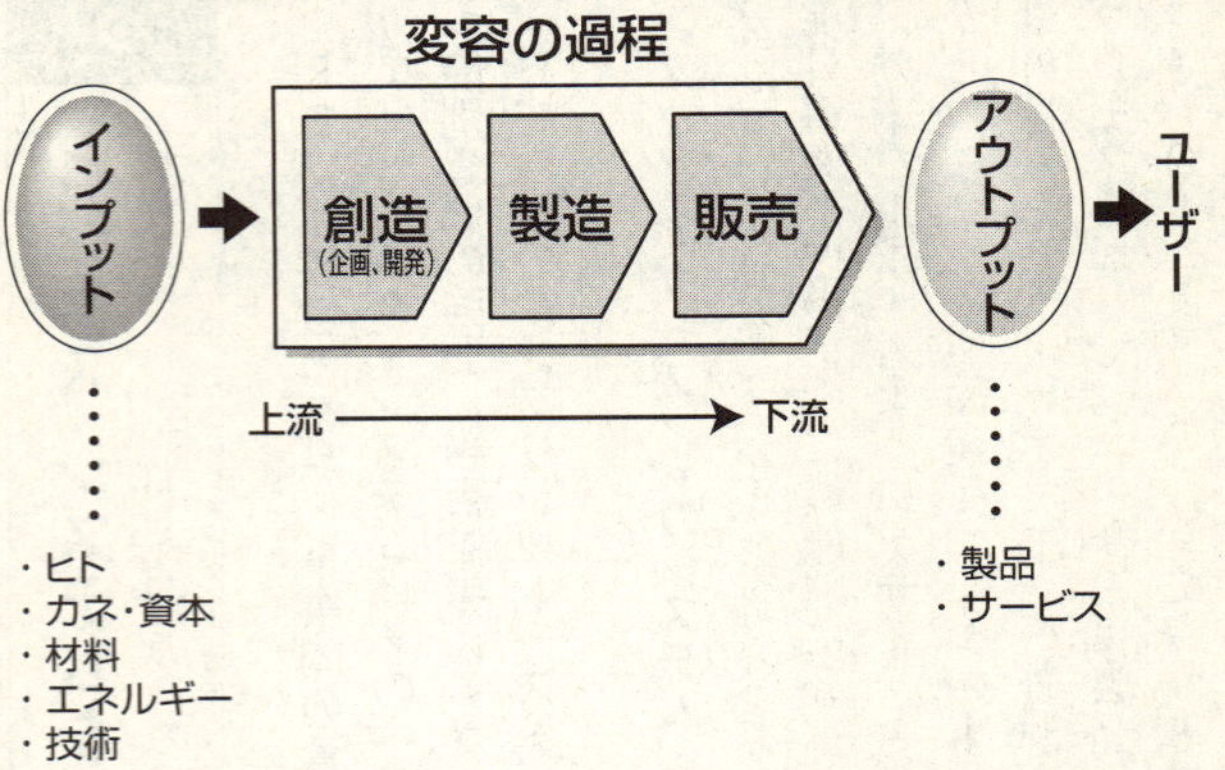

前述の製品／事業の一つを取り上げて、このI／Oのプロセスを描いてみると、会社が現在のその製品／事業の地位（自社の強さ）を築くために、内部の資源をどう配分してきたか、それがいかに有効であったか（あるいは弱点があったか）を理解することができる。

◉KFSとレベレージ・ポイント

このビジネス・システムに沿って、全社の、あるいはその一部である製品・事業の内部の資源配分を追っていくと、それぞれの産業独特の、成功のための重要な機能があることに気づく。鉄鋼業や石油精製のようなプロセス産業は、低コスト・量産のための大規模生産設備が鍵であろうし、コンビニエンスストアは拠点

展開と品揃えが生命となろう。

このように、ビジネス・システムの中で成功に欠かせない鍵となる要件をKFS（キー・ファクター・フォー・サクセス＝Key Factor for Success）と呼ぶ。

このKFSは、業界により、あるいは会社の状況により異なる。トヨタの高収益、高シェアの鍵が、外注工場群をも含めた品質管理、コスト管理の行き届いたカンバン・システムによる調達・生産管理体制であることはよく知られている。これは、製品の特徴を強調し、いち早く海外工場／海外生産に乗り出したホンダのそれとは異なっている。同じエレクトロニクス製品を扱ってはいても、全国一万二〇〇〇店（最盛期は三万店以上あった）のナショナル・ショップという販売網を展開している松下電器産業と、技術の先進性と海外も含め高いブランド・イメージを活かすソニーとは、成功の鍵も、ビジネス・システムにおける資源投入の力点も異なることがわかる。

ところで、サントリーは、ワイン・ブームの中で、高級な海外銘柄の輸入販売とともに、バルク輸入品のブレンドにより、普及ブランドを開発して市場を拡大、業界一のシェアを誇っている。これは、同社がウイスキーで培った酒販店との信頼関係がきわめて有効に作用した結果である。このような全体成果にきわめて有利に作用するポイント、あるいはどこかをわずかに改善するだけで、全体が見違えるようによくなる、というポイントを、レベレージ（梃子《てこ》）・ポイントという。ビジネス・システム全体を眺めて、KFS、レベレージ・ポイントを整理し、それらを含むビジネス・システム全体での自社の資源配分の状況（強さ・弱さの状況）を正しく理解することが、当該製品・事業の今日の業績をもたらしたインプリシット・ストラテジーを自覚する上で重要である。

◉事業のライフサイクルと資源配分

ここで、事業のライフサイクルとビジネス・システムの間の資源配分の力点が変わることに注意しておきたい。

事業のライフサイクルとは何か。シャーレに入れた培養基の中央に一点の細菌を植え付けたとしよう。細菌は最初のうちはなかなか増殖しない。しかし、温度や湿度などの適当な条件があれば、ある時期から急速に増殖を始め、あっという間に容器全体に広がっていく。そしてその増殖は、やがて容器全体の大きさに制限されて、ついにはそれ以上いくら時間を経過しても成長できない限界点に達し、成長が止まる。この成長のカーブをロジスティクス曲線、またはその形状からSカーブと称する。

この成長カーブは自然現象のみならず、いろいろな社会現象にも見られる。冷蔵庫、テレビなどの新製品の普及率がその典型である。そしてその成長曲線は、やがて新しいブレークスルーを発見（例えば白黒テレビの普及が極まって、カラーテレビが導入されたように）すると、さらに新たな成長の段階を迎えるが、逆に新しい環境のニーズに対応できないままでいると、そのものの存在が陳腐化して衰退の道をたどることになる。この成長曲線を描く事業のライフサイクルのそれぞれの段階で、事業が成功するための要件（ＫＦＳ）は変遷する。だから会社は意識的に部門内の機能別資源を、シフトすることが必要になる。

一般に新製品が生まれる段階では、技術、Ｒ＆Ｄ（Research & Development）が成功の鍵そのものである。この商品が普及を始める段階では、市場への告知・浸透のための市場開拓活動が重要となる。爆発的に普及する段階では低価格・量産能力が重要となり、普及が進むにつれて競争が激化すると、大手では品揃え、それ以外では差別化の工夫が、生き残りの鍵となる場合が多い。さらには新しい用途・市場の開拓や市場サービスの強化が重要となってくる場合もある。

このように、現在の戦略を理解するために、製品／事業のライフサイクルの現段階が何であるか、そこでの鍵となる資源投入分野（ＫＦＳ）は何かを振り返ることも重要である。

POINT 4

機能別の戦略を考える

――技術戦略の例

PPMで全体の製品・事業間の資源配分のバランスを考え、次にビジネス・システムを用いて製品・事業内部の機能別のKFS、レベレージ・ポイント等を検討することにより、自社の大きな戦略像が明らかになった。今度はそれぞれの機能の内部にあるミクロの戦略を理解する工夫を、技術戦略を例にとって考えてみよう。

◉事業部門別、ビジネス・システム別技術者数

技術投資を考える際、簡単なやり方の一つは、技術者数(時間数)を投資の指標とする方法である。会社の技術者は各事業部門に分かれて存在している。さらに技術内部にも、基礎技術、応用技術、製品開発、設備、生産工程、市場サービスのようなビジネス・システムが存在する。まず、技術者を事業部門別、機能分野別に数えてどのような資源配分の割り振りとなっているかを見るとよい。

ある機械メーカーの技術者の配分を検討したことがある。A事業部は、同社の最

大部門で、市場シェアが非常に高いが、近年同部門では市場が縮退の傾向にある。ところが、同社では今でも主力の伝統部門であるという理由で、売上比率以上の割合で技術者がこの部門に所属しているし、市場競争を勝ち続けるために開発テーマはいくらでもある、ということからさらに人を要求している。

その逆に、今後の発展が望めそうなハイテク部門や社会的ニーズが高いと思われる環境部門には、利益が出ていないとの理由から、研究者が十分に配備されていない。これでは、果たして会社の将来が約束できるかどうか疑問である。

技術という分野は外から見えにくく、かつ専門性が高いため、よほど意識的に再配分しないと、伝統部門が過大な資源を抱えることが少なくないように思われる。

◉開発の成果の歴史をたどる

技術投資は、効率の良し悪しが鍵である。実際に私が、コンサルティングを行ったケースから例を挙げてみよう。

A社は技術力に自信があるが開発努力の割にシェアが上がらないという悩みを抱えていた。

そこでABC三社の新製品開発の歴史と現在の品揃えとシェアとを比較検討してみた。次ページの図で見るとおり、A社は品揃えではB社に匹敵するが、開発のサ

2−8 過去10年間の開発サイクルと品揃え

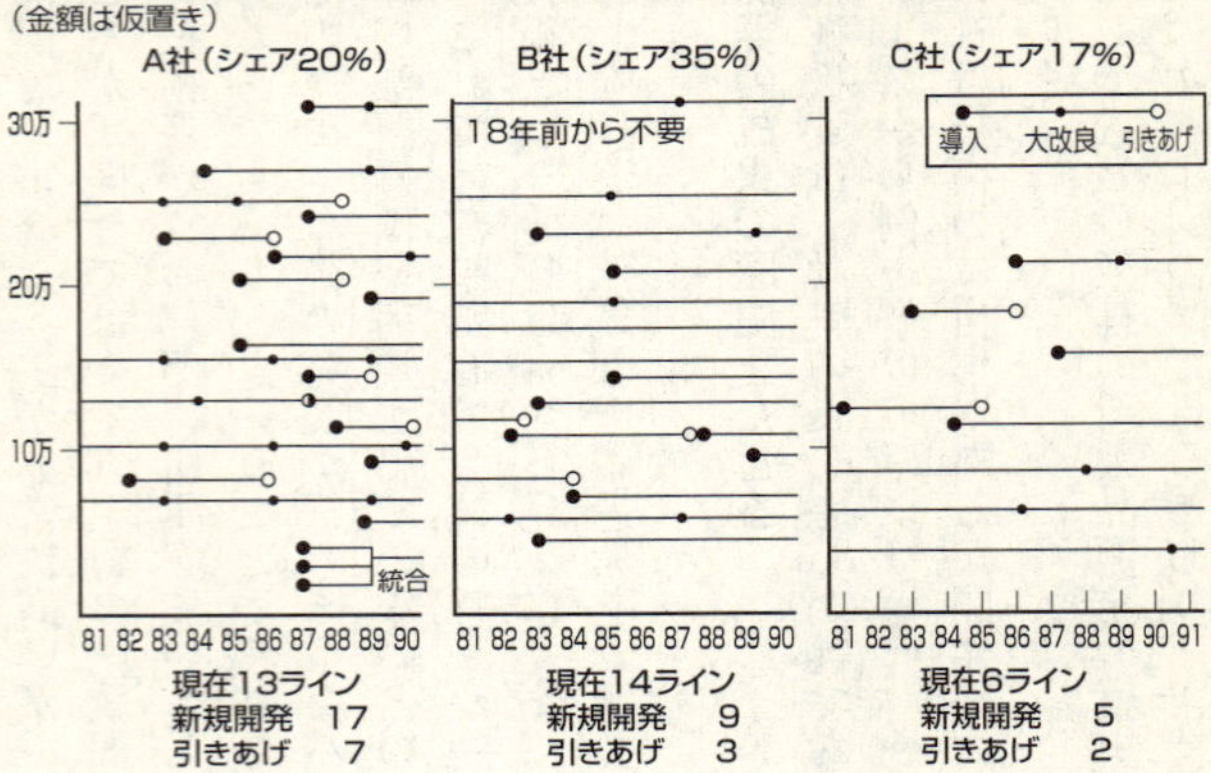

イクルが短く、実際の開発に要した資源は、B社の二倍近い。

しかも、シェアはB社に遠く及ばない。A社は「新製品キャンペーン」によって、ユーザーを引きつけるパターンのマーケティングを重視し、市場への技術サービスを中心として、販売網の充実によりユーザーへの浸透を図っているB社と好対照をなしている。

品揃えが少ないのに、シェアはA社に迫っているC社との比較を考えても、A社の開発の基本姿勢は見直される必要があろう。

◉テーマ・ツリーを描く

技術投資の効果は「開発」というダイナミックな形で現れる。そして、そのために技術陣が抱えているテーマは大小さまざまで、各部門、各ビジネス・システムに沿って、それぞれ技術者が配置され、たくさんのテーマを担当している。そして、それらの大小さまざまなテーマは、通常、より大きな目的に向かって階層を成し、相互に関連している。

こうした技術テーマの全貌を樹状連関図に表したものを、私は「テーマ・ツリー」と呼んでいる。そして技術のスタディーは、必ずこのテーマ・ツリーを描くことからはじめている。

技術の全体像は、漠然と関係者の頭の中にはあっても、明確な形で意識され、図示され、共有化されていることはまずない。技術の当事者も、図化して初めて認識を新たにするようである。

次に、図示されたテーマ・ツリー上に、現在どれだけの資源が投入されているかを示す。

この作業は、現在だけでなく過去に遡って資源の投入状況を明らかにする必要がある。どのような成果（アウトプット）があったか、どのようなテーマが生まれ、完成し、消えていったかという動態を把握するのである。

こうした一連の作業を進めていくと、過去の技術開発に関する自社のインプリシット・ストラテジーが確認され、その当否を検討することにより今後の指針を得ることができる。

◉他の機能別戦略検討への応用

ここで述べた事業部門別、内部ミクロ・ビジネス・システム別の人員配置、課題別（技術のテーマ・ツリーに相当するもの）の時間配分の考え方、成果の尺度の考え方などは、営業物流などその他のいろいろな機能内部の戦略の検討の際にも同じように適用することができる。

例えば営業／マーケティングを考えるなら、企画・広告宣伝・販売・サービス等の流れに沿ってどれだけ「ヒト・カネ・モノ」が配分されているか。地域別・チャネル別・顧客別にどのように営業マンの時間が使われているかを考えればよい。

要は、機能別にミクロ・ビジネス・システムと、アウトプットの対象をしっかりととらえて、資源配分の当否を検討する習慣をつけることである。

3

新しい戦略を立案する

序　作業計画を立てる
——経営戦略立案の五つのステップ

経営戦略を立案するに当たっては、コンサルタントの問題解決のアプローチが参考になる。

一般論としては、課題の設定、現状分析、診断、解決案の検討、実行プログラムの策定という五つのステップを踏むはずである。このプロセスに従って、チーム・関係者が、作業計画（ワークプラン）を共有し、焦点の合った共同作業を進めることが必要である。

◉チームを編成する

戦略の立案・策定の作業は、有能な一人の力によってなされるべきものではない。前章で見てきたように、ある製品の戦略を立てるということは、ビジネス・システムに沿ってその製品の開発・調達・生産・販売の諸機能の全貌と、成否の鍵となる要件（KFS）を理解した上で、必要な資源量と打ち手を考えるということである。

3−1　戦略立案のプロセス（一般論）

目標の設定

1　課題分野の設定
- 課題の明確化
- イッシュー・ツリーの作成

2　現状の分析・把握
- 事実でモノをいう
- 重要度の判断
- 4C（Company, Competitor, Customer, Channel）の把握
- 分析手法の駆使

3　診断
- （Management Implicationの理解）
- PMS、PPM
- その他のフレームワーク尺度
- 戦略ギャップ認識

4　解決案の検討
- 戦略的自由度
- 選択肢のリストアップ
- 評価軸の設定
- 選択肢の絞り込み

5　実行プログラム
- ロードマップの策定
- チェックポイント
- コンティンジェンシープラン
- 実行推進の組織運営体制

実　施

※右肩の数字は、第3章各節の数字に対応。

開発の問題には技術者の知恵が必要であり、品質やコスト、外注先の状況などについては、生産部門の参加がなければ、把握しにくい。販路の実状や、販売活動における競争相手のダイナミックな動きを把握するためには、営業第一線の情報が不可欠であるし、全体の収益性を考えるには、経理部門の参加が必要である。そして、これらの諸製品の戦略を組み合わせ、市場の魅力度と自社の強さを勘案して、メリハリのきいた打ち手や資源の再配分を考える作業、さらには全社の事業部門間の資源の再配分を考える全社戦略を構築する作業には、部門別の専門家・担当者の協力がなければ、いかに有能なスタッフといえども、有効な戦略を構築できるはずがない。

コンサルタントが企業に招へいされるのは、部外者である我々が、自らの力で問題を解決できるからではない。チームを編成して、最適の解決策を立案するために、正しい作業を指導するオルガナイザーとしての機能が優れているからなのである（データをもらって分析をしたり、外部の知識を提供するだけでは、戦略コンサルタントとはいえない）。

戦略策定のための社内ブレーン（経営参謀）にとっても、このコンサルタントのノウハウを知り、活用することは、有効である。

◉五つのステップを踏む

一般にコンサルタントの問題解決アプローチは、

(1)課題を明確にする
(2)現状を把握・分析する
(3)現状を診断・評価する
(4)解決策を検討する
(5)実行プログラムを策定する

という五つのステップを踏む。このプロセスは、(1)から(5)の方向に進むものであるが、実は相互に関連しており、後工程の作業の結果から逆に前工程に立ち戻って再検討するという、逆方向のフィードバックも常に考えていなければならない。

◉作業計画を作る

多くの分野からの参加を得て、効率よく問題解決の作業を進めるには、しっかりとした作業計画が不可欠である。よくある現象として、四カ月の期間を与えられてプロジェクト・チームが発足し、週一回のミーティングを重ねてきたが、三カ月は参加者の課題や意見が発散し、日常の業務もあって作業が進まないというケースが見られる。そのような場合は、期限の迫った最後の一カ月になって、チームの誰か一人が中心となり、必死の努力で答申にこぎつけるということになりがちだ。

チーム作業を効率よく進めるためには、当初の現状把握、分析作業はある程度粗くとも、大きな方向を見出せれば良しとして、できるだけ早く方向を見定め、具体的な解決策、実行プログラムの検討にエネルギーを注ぐことが望ましい。これを英語で「Early Development of Conclusion（結論の早期発見）」といい、私がコンサルタントになって最初に学んだことの一つであった。

当初の分析が不十分で、後になって予見できなかった課題が持ち上がり、あらためて追加の分析、検討を加えることになっても一向に構わない。同じ時間を使う場合、「興味志向」の現状分析でなく、「解決のため」の事実の分析・再検討に使うほうがはるかに効果的である。

分野の違うメンバーの力を有効に使うためには、何よりも「少しでも早く先へ進もうとする意識（Sense of Urgency）」を共有化することが有効である。そうしないと、いつまでも部分にこだわったり、自分の主張に固執しがちになる。

効果的なチーム作業は、しっかりした作業計画から生まれる。その作業計画は、できるだけ「前倒し」であること、および解決に向かって作業のエネルギーを結集するためにも、チームのみならず関係者が内容を理解し協力してもらうためにも、中間報告などのメリハリのきいたチェックポイントが、当初から設定されていることが必要条件である。

POINT 1

課題を明確にする

——イッシュー・ツリーを作成する

戦略立案の作業を始めるに当たって、まず課題分野を定義し、どのような事実を探り何を検討するか、しっかりとしたフレームワークを持つことが重要である。そのためには、大きな課題（イッシュー）から始めてそれをより具体的な副次課題（サブ・イッシュー）に、論理的に分解して樹状のイッシュー・ツリーを展開する訓練が必要かつ有効である。

◉課題分野の絞り込み

ある会社のある事業部（SBU）が激しい競争の中で、業績の低迷に悩んでいた。私が戦略構築プロジェクトを依頼されたときのことである。毎年見直される過去の中期計画と実績をチェックしてみると、次ページの図のように実績は下降する傾向にあるのに、中期計画はいつも「来年度から業績反転・改善」の見通しとなっていた。

中期計画を立てるには、各製品部門（BU）が一～二カ月かけて製品別販売計画を立て、事業部に報告してフィードバックを受け、それを繰り返して最終的に事業

3-2　某事業部の売上実績と計画（2年に一度、5年計画を立てる）

中期売上計画は常に売上の改善を目指すが実態が伴わない。

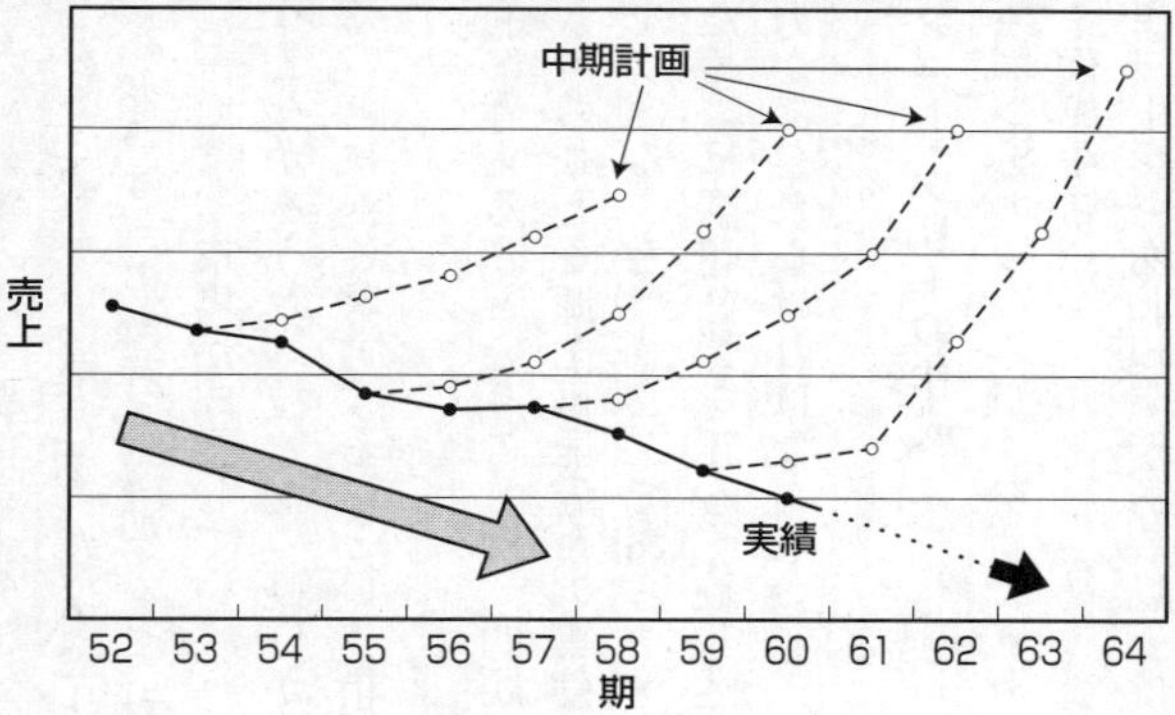

部でとりまとめる。その際各部門は、「なんとかして業績を回復・向上させるプログラム」をひねり出そうと努力する。それを集計すると、「大陸棚は緩やかに深い方へと傾斜しているのに、潮の流れの中で海底から昆布がゆらゆらと立ち上がっている構図」（図）になってしまう。これでは「計画」は何の意味も持たない。場合によっては有害ですらある。

各製品部門別の計画の内容を見ると、業績改善の根拠として、判で押したように製品力の強化（開発）、生産性の向上とコストの改善、営業活動の強化、顧客サービスの向上、××キャンペーンの実施といったようなアクション・プログラムが組まれている。

問題は、中期計画が、業績低下の要因

や改善のための鍵となる要件を十分につきつめて検討することなく、ただ改善のために、「良い」と誰でも考えるようなことを総花的に並べて、「改善への決意を表明する」、あるいは「担当者を激励する」ために作られていることである。

極端に言えば、市場が成長していようと縮退していようと、競合ブランドが強力であろうとなかろうと、技術上の優位があろうとなかろうと、良いことは何でもやってみる、とにかく努力する、という構図である。これでは問題が解決される保証はない。

戦略的に考える、ということは、問題の本質を正しく見きわめて最も効果的なところにきっちりと資源を再配分し、実効あるプログラムを作成する、そのようにメリハリをつける、ということである。

そのためには課題分野を正しく絞り込んで焦点のあった分析をするという、意識的な努力がなされなければならない。

◉イッシュー・ツリーの作成

有能なコンサルタントは、分析にとりかかる前に必ずきっちりしたイッシュー・ツリーを作成する。

どんなテーマであれ現実がある以上は、関係者の間には現状に対する何らかの意識と、どうありたいかという目標が存在している。まして、自社の戦略がおぼろげながらでも自覚されていれば、何が問題か、どうあるべきかについてのある程度の根拠を持つ認識や仮説が必ず存在する。このような関係者の問題意識をすくい上げて、問題の構造を体系的に理解することが、むだを排し、効果的に作業を進めるための必須要件である。

一つの大きな課題（イッシュー）は、必ずいくつかの構成要素（サブ・イッシュー）から成り立っている。そのサブ・イッシューをさらにより具体的な構成要素に分解していくと、大きな課題が最終的にはきわめて具体的な、比較的たやすく事実をもって証明できる要素に分解されてゆく。そのような要素の中で、全体に大きく影響を与えるものから順に、打ち手の中に組み込んでいけばよい。

例えば外食チェーンで、市場が拡大し競合他社が売上をどんどん伸ばしているのに、収益はそこそこあるが売上の伸びない会社があったとしよう。関係者の話から「店舗当たりの売上が伸びない」「競合他社に比べて劣る」という課題と、「店舗展開が進まない」という課題が挙げられたとしよう。

まず店舗当たりの売上が伸びないことについて、全国どの店も一様にあまり売上が伸びていない（例外はあろうが）のであれば、そこには全国共通の要因が考えられる。この場合は、メニュー、サービスが他社に比して見劣りするとか、価格が高いとか、店員教育の水準が他社に比して不十分であるとか、あるいはキャンペーン、宣伝等の全国レベルのマーケティング活動が弱いなどの全国共通の課題を追って検討する必要がある。

逆に、全体として売上が伸びていなくても、個々の店舗別に見たとき売上の伸びた店と低下した店とのバラツキが大きいとなれば、全国共通の要因よりも、各店別の要因を追及することになる。その場合は立地条件、広さ、駐車場等の外的な集客要因とか、各店別の顧客満足度(接客態度、清潔さ、スピード等)とか、集客努力(視認性、チラシなどの個店プロモーション活動)などのような具体項目に落とし込んで検討すればよい。自社内の良い店と悪い店の比較、競合他社との比較などを織りまぜて検討すれば、必ず要因を見つけることができるはずである。

店舗数についても同様に、候補地がありながら出店の条件が整わないために出店ができないのか、候補地選定そのものが遅れているのかに分けて、詳細な要件を詰めていけばよいはずである。

このように大きな幹となる課題から出発して、最終的には検証可能な個別のサブ・イッシュー(枝葉)に分解できるようなフレームワークを、その形状から、我々コンサルタントは「イッシュー・ツリー」と呼んでいる。

3-3　外食チェーン売上拡大のイッシュー・ツリー

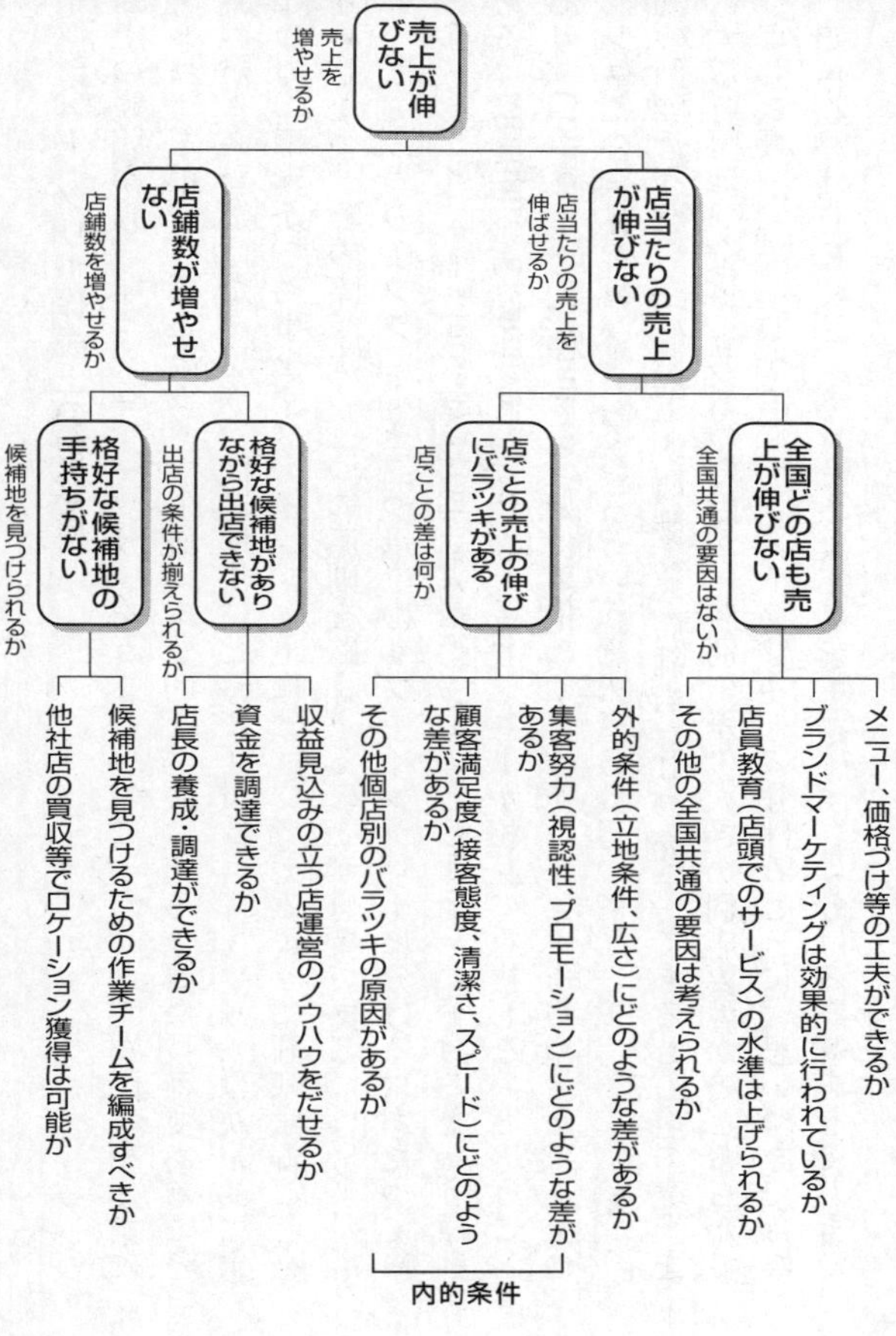
売上が伸びない
売上を増やせるか
店当たりの売上が伸びない
店当たりの売上を伸ばせるか
店舗数が増やせない
店舗数を増やせるか
全国どの店も売上が伸びない
全国共通の要因はないか
店ごとの売上の伸びにバラツキがある
店ごとの差は何か
格好な候補地がありながら出店できない
出店の条件が揃えられるか
格好な候補地の手持ちがない
候補地を見つけられるか
メニュー、価格づけ等の工夫ができるか
ブランドマーケティングは効果的に行われているか
店員教育（店頭でのサービス）の水準は上げられるか
その他の全国共通の要因は考えられるか
外的条件（立地条件、広さ）にどのような差があるか
集客努力（視認性、プロモーション）にどのような差があるか
顧客満足度（接客態度、清潔さ、スピード）にどのような差があるか
その他個店別のバラツキの原因があるか
内的条件
収益見込みの立つ店運営のノウハウをだせるか
資金を調達できるか
店長の養成・調達ができるか
候補地を見つけるための作業チームを編成すべきか
他社店の買収等でロケーション獲得は可能か

◉イッシュー・ツリー作成上の留意点

以上の説明から、イッシュー・ツリーをうまく作ることが、むだな論争や作業にエネルギーを浪費することなく、的確に本質的な解決に迫る重要な技術であることをおわかりいただけたと思う。問題解決にとってイッシュー・ツリーは決定的に重要なので、平素から物事をサブ・イッシューに分けて考えるように訓練することをお勧めしたい。その際、次の三つの原則を踏まえることが重要である。

第一は、一つのイッシューを二つ以上のサブ・イッシューに分けるにあたってMECE（ミーシィー＝Mutually Exclusive Collectively Exhaustive）に分けるという原則である。Mutually Exclusive とはサブ・イッシューが相互に重複しないということであり、Collectively Exhaustive とは下位のサブ・イッシューを集めると、上位のイッシューの全体をカバーしているという意味である。

先の例で言うなら、〔総売上＝店舗数×店舗当たりの売上〕であるし、店の売上を左右する要因は、全体に共通の要因か、店別に差の大きい個店要因かのどちらかであるはずである。このように、サブ・イッシューに分けるときに、思いつきではなく、できるだけMECE（重複せず、全体を覆い尽くす）に分ける訓練をしておきたい。

第二の原則は、イッシューの設定が「興味志向」よりも「解決志向」になっていなければならないということである。イッシューを設定する場面では、結果を左右するような本質的な解決につながる問題点を洗い出すことが目的である。単に「理論的には関係がある」というだけでイッシューのフレームワークを作ると、問題が無限に広がって、膨大な作業をしなければならなくなる。重大でないイッシューは、関係があってもノン・イッシューとして切り捨てることが必要である。この点で、すべての分野を細大漏らさず検討するTQC（Total Quality Control＝総合的品質管理）的な方法とは、やや考えを異にするかもしれない。

第三の原則は、イッシューの展開は柔軟でなければならないということである。後の「現状の把握・分析」との関係で、事実が明らかになるにつれて、当初、重大なイッシューだと考えられていた事項が、実はノン・イッシューとなり、まったく別の抜本的なイッシューが現れることも稀ではない（逆にこれは、問題の解決が近くなったと解釈できる）。常にイッシューの組み立てが新しく進展していくような、柔軟な姿勢を持ちたいものである。

◉柔軟な姿勢が必要

欧米諸国に比べて、日本での売上が伸びないことにいらだっているある外資系の会社があった。同社は自社の製品のユニークさと、広告を中心とするマーケティングには自信を持っていた。そこで、シェアが上がらないのは、販路に問題があると考えた。同社は販路については、提携先の日本メーカーの子会社であるメーカー販社に依存していたが、そのメーカー販社は親会社のいうことばかり聞いて、外資系の自社の製品を本気になって売っていない、というわけである。

そこで現在の提携先を切り、新しい販路／提携先を探そうと考えて、そのためのコンサルティング・スタディーを依頼してきたのである。

私は次ページの図のようなイッシュー・ツリーを、依頼主と合意の上で作成し、検討にかかったが、市場カバー率から考えて現在の販路に代わる選択はないことが間もなく明らかになった。

次に、ユーザーの購買動機を検討したところ、なるほど製品はユニークであるが、日本では社会的条件から製品の用途が限られており、市場が欧米に比して小さい上に、欧米では問題にならない商品の品質のバラツキが、日本では重大な問題として商品の信用を低下させていることがわかった。さらに、売上を上げようとする圧力により、引き取り業務や押し込み販売が定常化して、市場での値崩れの原因となっており、末端の販売店にとって、その製品が利幅の点で魅力の薄い商品となっていることも判明した。

3−4　ある外資系企業のイッシュー・ツリー

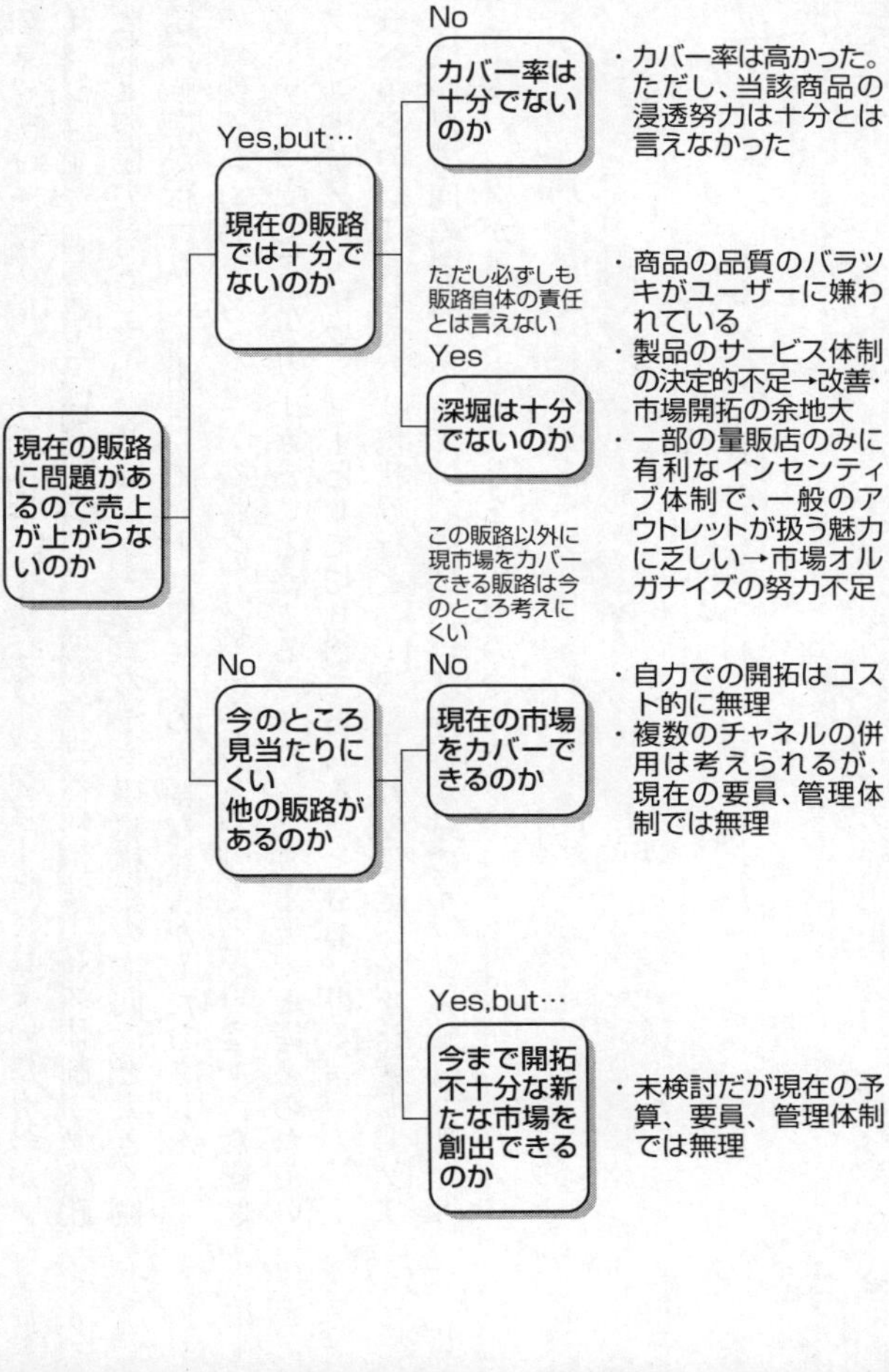
現在の販路に問題があるので売上が上がらないのか
Yes,but…
現在の販路では十分でないのか
No
カバー率は十分でないのか
・カバー率は高かった。ただし、当該商品の浸透努力は十分とは言えなかった
ただし必ずしも販路自体の責任とは言えない
Yes
深堀は十分でないのか
・商品の品質のバラツキがユーザーに嫌われている
・製品のサービス体制の決定的不足→改善・市場開拓の余地大
・一部の量販店のみに有利なインセンティブ体制で、一般のアウトレットが扱う魅力に乏しい→市場オルガナイズの努力不足
この販路以外に現市場をカバーできる販路は今のところ考えにくい
No
今のところ見当たりにくい
他の販路があるのか
No
現在の市場をカバーできるのか
・自力での開拓はコスト的に無理
・複数のチャネルの併用は考えられるが、現在の要員、管理体制では無理
Yes,but…
今まで開拓不十分な新たな市場を創出できるのか
・未検討だが現在の予算、要員、管理体制では無理

このスタディーは、最初の三週間で、主たるイッシューとされていたものがノン・イッシューであることが明白となり、品質管理／技術サービス体制、価格政策、販社との協力によるマーケティング・プログラムの再構築の方向へと大きく検討課題の転換が行われ、結果として売上、収益性の大幅な改善がもたらされた。

この事例からもわかるように、事実の分析が進むと当初考えていなかった課題が、重要テーマとして浮かび上がることがある。また、当初重要だと考えられていたイッシューがノン・イッシューとして切り捨てられることもあり得る。六五ページの図において、(2)現状分析と、(1)課題分野の設定、イッシュー・ツリーの作成が双方向の矢印になっているのは、現状分析からのイッシュー・ツリーへのフィードバックが重要であることを示すものである。

POINT 2

現状を把握・分析する
――鍵は4C分析と現場にある

課題のフレームワーク（イッシュー・ツリー）ができたら、次はそれに基づく分析作業である。分析の対象は市場（Customer）、自社（Company）、競合（Competitor）、販路（Channel）の四つのCである。正しい判断を行う鍵となる事実は、多くは〝現場〟にあって二次情報から得られることは少ない。常に現場を見、事実をもって判断する姿勢が要求される。

◉事実に基づくことの大切さ

コンサルタントをしていると、よく、社内では定説となっている固定概念や関係者の強い意見・見解が、事実と大きくズレているとか、単なる恣意的願望に過ぎず、それが経営判断を誤らせているという事態に直面することがある。

軍事モデルでは、事実認識の誤りは自軍の壊滅や、好機を逸することにつながるために、正確な事実認識が重要であることを疑う人はいないであろう。ミッドウェーの敗戦は、索敵を怠って敵空母の存在を見落としたことが直接の原因であった

3−5　現状把握のための4つのC

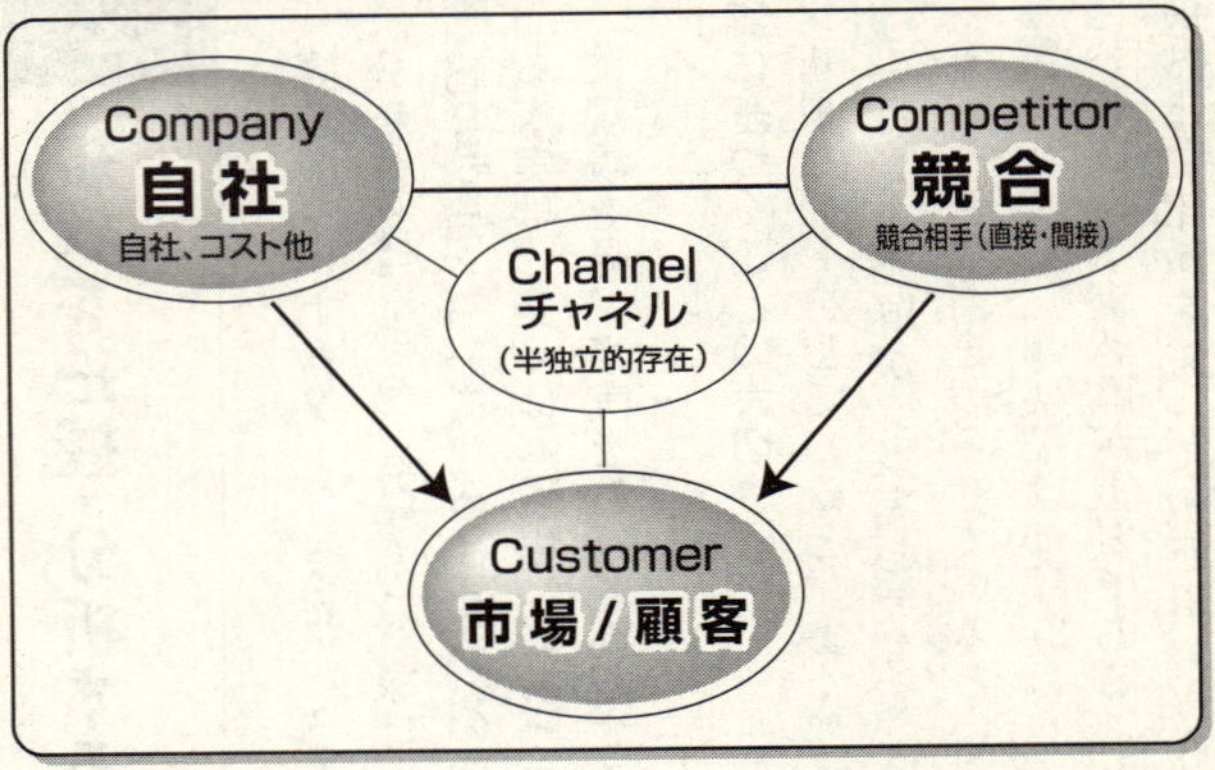

し、逆に湾岸戦争では、連合軍は地雷原を克明に調査して被害を食い止めることができた。

ところが経営の場では、事象がそこまで尖鋭にならないことが多いため、つい情緒的な反応・個人的確信・過去の経験に基づく意見が、事実の裏づけなしに走りがちになり、声の大きいほうが勝つという現象をもたらしかねない。

例えば、販売担当の不満として「欠品が多く、それによる売り逃がしは重大だ」という声がいっせいにあがっていたとする。だが、よく調べてみると欠品は二〇回に一回で、欠品した場合も他の代替商品を勧めるか、客に待ってもらうように現場で努力するために、実害は意外に少ないというケースを、私自身も体験したことがある。

勘や情緒は、理解のための「ヒント」としてはきわめて重要である。しかし、それらのヒントは、事実をもって確かめられてこそ、はじめて具体的な解決行動に結びつくものであり、戦略家は「事実を確かめ、事実をもって語る」客観的な態度を身につけなければならない。

◉現場の重視

マクドナルドの創設者、レイ・クロックの言葉に"You must find beauty in Hamburger Ban"（美人を見るのと同じように、ハンバーガーショップの店頭を見ることが大好きでなければならない）という言葉がある。この言葉は、レイ・クロック自身が直接、店頭観察をした結果、フライドポテトの処理が売上拡大・競争力強化の鍵であることを見出した、貴重な体験に基づくものと伝えられている。

昼休みの客の集中するときに待ちの行列を長くしないためには、フライドポテトを先づくりすることが有利である。しかし、フライドポテトは、三分間たったらいくら赤外線で熱していても、カリッとした歯ごたえがなくなって、味が急速に落ちる。ハンバーガーの味には差はつけにくいが、ポテトの味の差は歴然としており、客の満足のかくれた重大要件である。このことから、先づくりはしてもよいが、

「揚げて三分間たったポテトは理屈抜きに捨てろ」というルールが生まれた。

店長の立場からは、収益の関係から「捨てる」という判断は生まれにくい。「経営者の目」で「現実を見」なければ思いつかないヒントである。

真に役に立つ「事実」についての情報は、集約され、スクリーニングされた二次情報からは出てこない。現場の一次情報を確かめる姿勢こそが重要だというのである。

本田宗一郎氏にも似たような言葉がある。「牛の耳と牛の角とどっちが前にあるかを聞かれて、即座に答えられたら、それはもう骨格学の大家だ。だが（学問をしたり、本を調べたりしなくても）そんなことは牛を見て、触ってみればわからあ。牧場に行って自分で牛を触ってみるのが技術者なんだ」というわけである。

本部・本社にいる人は、とかく二次情報を集めて判断しがちになるが、直接現場に出向き、自分の目で一次情報にあたって確かめる姿勢が重要なのである。

◉市場（Customer＝顧客）の分析

かつて「お客様は神様です」と言った歌手がいたが、会社は顧客があるがゆえに存続できる。市場を知ることが、会社が何をなすべきかの戦略を決める上での第一の要件である。

まず市場の規模と成長性。これは直接の対象となる製品の顕在する市場のみならず、顧客にとって類似の便益を提供する競合製品の市場や他の関連製品も含めて、全体の市場の中で位置づけて、大きさ、広がり、消長の流れを考える必要がある。

例えばハンバーガーの市場を考えるなら、いわゆるハンバーガーショップの市場規模だけではなく、その場ですぐ食べるファーストフードとしては、フライドチキンやホットドッグなどを売る喫茶チェーン、立ち食いそばなどとの関係でとらえる必要がある。また持ち帰りの食事としては、その他にコンビニの弁当類、ほかほか亭の弁当やサンドイッチ、持ち帰り寿司などを考えねばならないだろう。さらに座席を提供する洋風の食事処としては、ファミリーレストランなども視野に入れて、ユーザーの購買動機の類似するものについては、全体としての規模や趨勢を考える必要がある。

関連商品の例としては、ハードとソフトのケースを考えてみるとよいであろう。ソニーの「ウォークマン」が売れたのは、小さくて、音が良かったからというだけではない。ラジカセの普及により、世に音楽テープ（ソフト）が充満していたから、録音ができなくても、「ただ聞くだけ」のニーズが、十分に潜在していたからである。

次に、市場の構造、マーケット・セグメンテーションという言葉がよく使われるが、市場を理解するためには、市場の内部をいくつかの性格の違うセグメント（部分）に分けて、それぞれの規模や趨勢、価格動向やユーザーの意思決定要因を検討する必要がある。分析という言葉は「分」も「析」も「分ける」という意味であるが、全体として大づかみにするだけではわからないことも、分けて考えることによって、内部のダイナミズムを含めてわかってくる。

同じ系列の製品を考えるにしても、ユーザータイプ別（業務用、家庭用などのユーザー特性別）、使用機会別（ハンバーガーの例でいうなら、その場で食べるか持ち帰りか、朝食・昼食・夕食の違いなど）、価格帯別（高級品、普及品など）、地域別（都市部と郡部）など、いろいろな切り口を考えることが必要である。

◉競合（Competitor）の分析

先にも紹介したが、孫子の言葉に「敵を知り、己を知れば、百戦して殆《あや》うからず」という有名な一節がある。相手が何をしているかを知り、その強さ・弱さ、打ち手と成果の内容を自社と比較しつつ検討することは、問題解決のヒントを得るためにも、自社をよりよく理解するためにも必要である。

考え方としては、有価証券報告書などで入手できる資料を用いての売上やエコノミクス（コスト構造、固定費、変動費、損益分岐点や費目別差異など）、および外からでもすぐに比較できる製品（性能、価格、特徴あるフィーチャーなど）の比較に始まり、ビジネス・システムに沿ってそれぞれの項目の一つひとつを比較するとよい。

比較項目としては、ビジネスの成果としての市場地位の変化、セグメント別のシェアや浸透度、さらに開発・調達・製造・物流・販売活動や販路の内容、資源配分や打ち手の違いなど、意味あるもの、可能なものは何でも検討する。その際、売上高や規模の違いに起因するものと、会社の性格や戦略上の力点の置き方に起因するものとを分けて考えることが必要である。

◉自社（Company）の分析

自社のインプリシット・ストラテジーを理解することの必要性については、すでに第2章で述べた。自社の過去からの打ち手とその結果としての現在の市場地位（製品別、市場セグメント別に考えたい）について、今までに述べたことをベースに、どのような分析作業をすればよいかは、ほぼ理解していただけると思う。

ところで、自社の内部の分析について、ここで戦略の視点から特に強調しておきたいものは、エコノミクスの分析である。

いうまでもなく、事業の第一義的な目的は、収益を上げることである。自社内部のエコノミクスを正しく認識しないうちは戦略は立てられないはずであるのに、その分析が不十分なうちに思い込みと勘で目標を示すと、意図と反する結果になることがある。

例えば、上級車のAを売れば粗利は一台当たり四〇万円、大衆車のBならば一〇万円。上級車の販売には大衆車の二倍の手間（時間）がかかるとしよう。AとBの間に大幅なウエイト付けでもしない限り、台数で評価する制度のもとでノルマを強化して販売キャンペーンを行えば、トータル台数は増えても、Aのシェアはむしろ下がる危険がある。

企業会計制度上のエコノミクスの数字は、費用項目のくくり方・分け方からして、そのままでは戦略立案や管理目的に十分ではない場合がほとんどである。役に立つように工夫するのは、戦略家の仕事である。

まず有価証券報告書にある全社の損益計算書、バランスシートは、事業部別に分解されて、事業部門としての損益分岐の構造が明らかにされなければならない。事業内部では、さらに製品別のエコノミクスを正確に把握しておく必要がある。

市場戦略を考える場合には、例えば地域・営業所別エコノミクス、販路種類別エコノミクス、顧客別エコノミクス、営業マン別エコノミクス、ルート別エコノミクスなど、検討すべき管理単位別にエコノミクスを検討する必要が生じる。私自身の経験でも、顧客別の収益性を分析していった結果、規模が大きく期末の押込販売などが可能であるため、営業の立場からはきわめて重要だと思われていた顧客が、リベート、特別値引き、販促品の支給、営業マンの必要時間などを計算すると、ネット（正味）で収益が残らない、場合によっては赤字、というケースも少なくないのである。

◉販路(Channel)の分析

4Cのうちの最後のCはチャネル（Channel＝販路）である。自社と最終顧客をつなぐチャネルは、多くの場合、全社の意のままに動かすことはできない。自社一〇〇％の地域別販社であっても、販社によってまるで事情が違うのが普通である。まして、販路が自社製品も競合製品も同時に取り扱っている場合は、そのような販路の行動様式、意思決定プロセス、内部エコノミクスなどがどうなっているかを検討することは、戦略立案の当然の前提条件である。

外国の企業が日本上陸に失敗するのも、チャネルがうまく把握できないからという場合が少なくない。また、近頃の「価格破壊」に見られるように、わが国独特の長いチャネルが会社の競争力に大きな足かせとなる場合も少なくない。

このように、利害の直接関わる第三者であるチャネルの現状と将来の可能性の分析が、全体の戦略に大きく影響することは、容易に理解していただけると思う。

＊＊＊

以上四つのCの分析を述べてきたが、失敗した事業計画を見せてもらうと、自社の都合や思惑ばかり書いてあって、他の三つのCについてきちんと分析がなされていない場合が多い。特に、数字を使った分析が不十分な場合が多い。意識的に筋道を立てて、必ず四つのCの分析を行うことをお勧めする（また、このほかにも、全体の経済動向とか、環境・政治・社会などの経済外的な現象も含め、事業戦略と業績に関わりのある事象についてはきちんと整理して、分析しておくことが必要である）。

POINT 3

現状を診断・評価する
——マネジメント・インプリケーションを読みとる

現状の把握・分析が進むと、そこから経営上の意味合い（マネジメント・インプリケーション）を読みとり、現在の戦略や戦力のあり方についての、当否・改善の方向を診断することが必要となる。そのための考え方の枠組みとして、感度分析、ビジネス・システムとKFSの考察、ギャップの分析、PPMの資源再配分の考察が有効になる。

◉マネジメント・インプリケーションを考える

「分析はなんのために行うか」ということを考えてみたい。

ファーブルの昆虫記にある、地蜂がイモ虫に卵を産みつけ、ハチの幼虫が神経を麻痺させられたイモ虫を食べて成長する過程は、それ自体、知的好奇心を満たしてくれる大発見である。ただしそれが、どのように現世的利益を人間にもたらすかは二の次である。

経営における発見や分析は、それがなんらかの形で経営判断に役に立たない限り、むだな作業として切り捨てるべきものである。逆に言えば、あらゆる発見・分析は、経営上の意味合い（マネジメント・インプリケーション）を導き出すために行われる。

ある山に雲がかかったら、夜は雨が降るとしよう。山に雲がかかったということは、今夜外出の予定がなく寝るだけという人には、何の意味も持たない。したがって、観察をする価値はない。しかし、今宵会合に出席しようとしている人にとっては、傘を持っていくか否かという判断のための観察であるし、夏休みの星の観察を予定していた中学校の先生にとっては、ただちに連絡網で天体観測中止の情報を流すというアクション・プログラムにつながるチェックポイントである。

我々が事実の把握・分析の前にイッシュー・ツリーを描いて問題のフレームワークを考えるのはそのためである。事実の把握・分析は、マネジメント・インプリケーションを読みとるために行うのでなければ意味がない。その上で、それらの発見を重要度の順に整理して正しい判断に導くことが重要であり、それ以外の発見は、いかに知的に面白くてもノン・イッシューである。優れた戦略家は、例外なく判断のための鍵となる事実を見極める能力を持ち、重要度の順に整理して、実用する能力に優れている。

「診断をする」という行為は単に良い・悪いの批評をすることではない。何をなすべきか、マネジメント・アクションにつながる意味づけを内蔵したものでなければならない。そのような眼で事実を把握し、意味づけるための判断の枠組みが必要となる。

◉感度分析と改善の可能性

コンサルタントの用語で、感度分析（Sensitivity Analysis）という手法がある。現状から出発して、努力によってある程度改善可能な変数（例えば売値、材料購入コスト、歩留まり、営業効率の改善による販売量の増大など）を、考えられる可能な範囲で動かしてみることによって、それがどの程度の経済効果、業績改善効果を持ち得るか、大まかに目安をつける手法である。

感度分析は、収益改善計画（ＰＩＰ：Profit Improvement Program）、品質改善計画、販売拡大計画などによく用いられる。

例えば営業マンを二〇人増員したら、売上高△△円増とか、資材費を五％削減できれば、収益へのインパクトは○○億円といった類である。多くは自社内や業界でのベストモデル（ＢＤＰ：Best Demonstrated Practice）に自社の平均値を近づけることができるかどうかとか、過去の体験、他社の実績からして、この程度の改善は可能なはずだ、などの、ざっくりとした可能性の見当でよい。

人は神に近づくことはできないかもしれないが、人のできることならば、ある程度までは近づき得る。本当に可能かどうか、どこまで可能か、障害要素は何か、克服手段は何かなどは、具体化のプログラムで考えればよい。この段階では、「検討の価値があるかどうか」を粗く探ることが目的だからである。

◉KFSギャップの分析

感度分析が現状から出発するのに対して、KFSギャップの分析は、まずあるべき姿は何か、成功の鍵は何かを具体的に明らかにした上で、その姿と現実のギャップがどこに、どのくらいの大きさで存在するかを考える。

現実に引きずられていると、人はつい今までの延長でのみ物事を考え、新しいこと、骨の折れることには否定的な立場を取りがちになる。そこで、現実の問題をひとまずおいて、事業のビジネス・システムを描き、その全体の仕事の流れの中でどこに成功の鍵（KFS）があるかをまず考え、あるべきKFSと、自社との隔たりを定義する。

KFSは通常、業界の成功例、自社の失敗例とその要因などを比較検討して求める。むろんモデルは一つではなく、同じ業界の同じ製品でも、会社によって、またライフサイクルの各段階によってKFSは異なり得る。このKFSとの隔たりを自

3–6　事業の戦略的位置づけ（一般論）

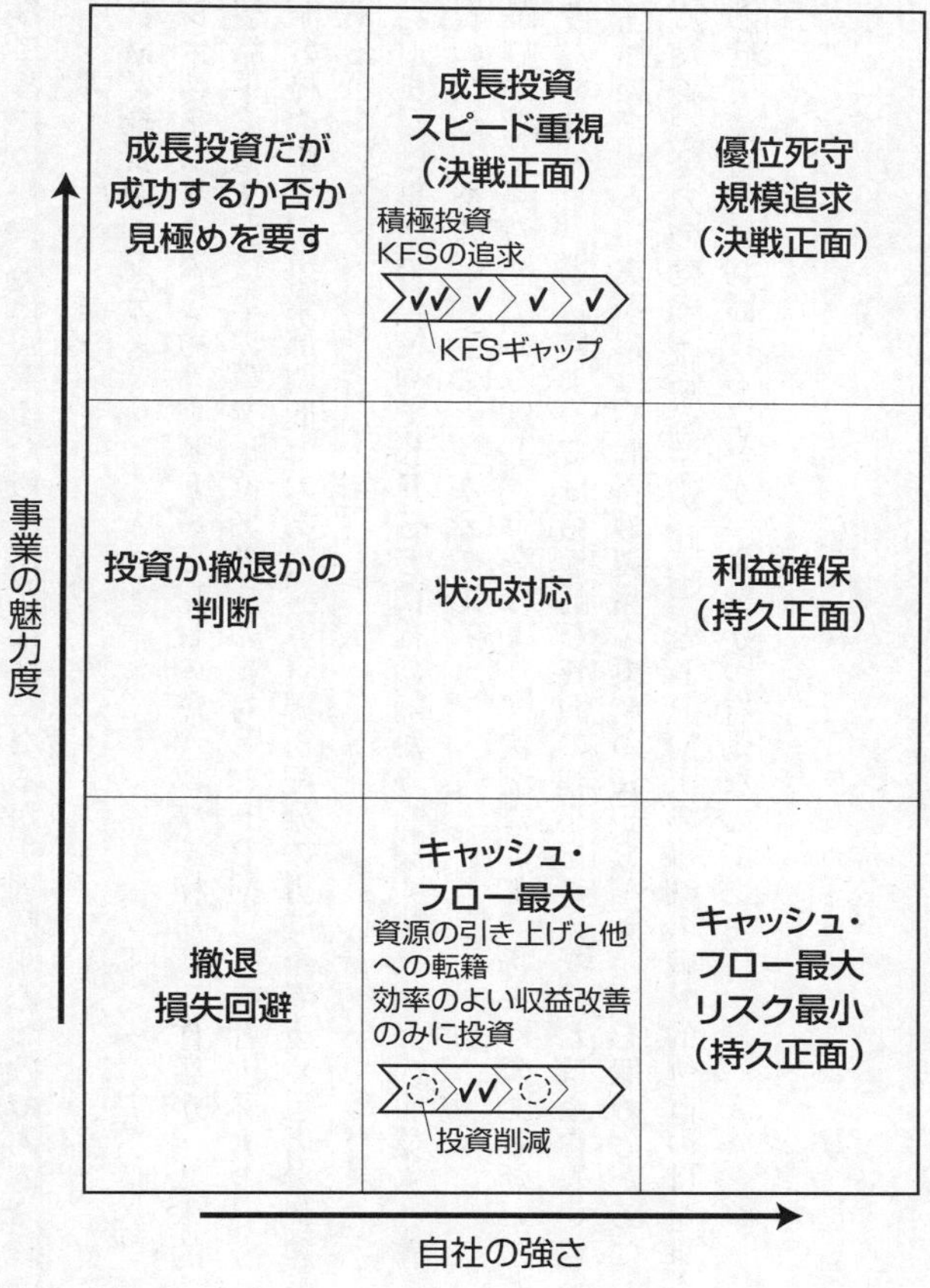
成長投資だが
成功するか否か
見極めを要す
成長投資
スピード重視
（決戦正面）
積極投資
KFSの追求
KFSギャップ
優位死守
規模追求
（決戦正面）
投資か撤退かの
判断
状況対応
利益確保
（持久正面）
撤退
損失回避
キャッシュ・
フロー最大
資源の引き上げと他
への転籍
効率のよい収益改善
のみに投資
投資削減
キャッシュ・
フロー最大
リスク最小
（持久正面）
事業の魅力度
自社の強さ

覚することにより、業績向上のために何が条件になるかを理解するわけである。

◉PPMと総資源の配分

ビジネス・システムを考え、KFSと自社のギャップを検討する作業が、基本的には製品単位、または単一事業単位であるのに対し、PPMは、自社の体力という総資源の枠の中で、事業部門間でのあるべき資源再配分の方向を考える思考の枠組みである。

製品、または事業の単位内でKFSと自社の隔たりを論ずると、どの事業も改善や投資の余地があるということになるであろう。

しかし、総資源の枠がある以上、事業により、状況により、将来性のある効率のよい投資を優先し、場合によっては積極的な資源の縮小を考えなければならない場合も当然存在する。実際には、個々の製品・事業のKFSギャップを埋めるために要する投資や努力の効率(投資効果の比較)とPPM上の事業の戦略的位置づけを重ね合わせて総合的に判断することが、必要かつ有効なのである。

POINT 4

解決策を検討する

――戦略的自由度を働かせる

現状の分析・診断に基づいて、事業の戦略的位置づけ（PMS）、ビジネス・システム上の注力分野と、鍵となる事業（KFS）が明確にされ、項目別に成果改善への感度がつかめたら（感度分析）、いよいよ解決策の検討にとりかかることになる。

その際には、思い切り自由な発想のもとに目的を達成するために可能な選択肢をリストアップし（戦略的自由度）、その中から事業の現状と目標に照らして実行可能かつ最も効果的なものを選択し（評価）、全体として整合性のとれた、一つの選択肢のセットをデザインしなければならない。

◉戦略的自由度を考える

ある目的を達成するために考えられる方策は一つではない。視点を変えてみると、実はいくつかの打ち手があり、いくつもの合わせ技が存在するはずである。組織制度の中で育った我々は、宿命的にその発想や行動が抑制され、自由な創造より既存のものの延長・拡大で満足しがちになっている。この宿命を脱する努力を自らに強制的に課するものが、戦略的自由度の考え方である。

例えば、ある会社がある製品分野に進出するために、開発力を強化する必要があったとしよう。その場合、基本的には自力で開発するか、他力を活用するかであるが、より細かく考えると、

(1)同一事業部門の他の研究を中止して、当該製品の開発に力を集中する
(2)他部門から技術者を投入する
(3)新たに技術者を雇い入れる
(4)協力会社（下請け会社）にやらせる（部分・全体のオプションあり）
(5)大学や他の会社と共同研究する（大きなテーマの場合）
(6)外国からライセンスを買う／ノウハウを導入する
(7)同分野に進出している会社を買収する

――のように、さまざまな選択肢が存在することがわかる。

同様に、開発する製品の内容自体についても、どのようなデザインにするのか、いろいろな自由度の軸がある。一般に、製品開発の場合には、ユーザーの立場から、どのような機能・用途があるかをまず整理して、その上で求められる機能に対して、設計側にどのような自由度があるかを追求していくとよい。

◉自由な発想の習慣を身につける

例えば、あるキッチン・バス等の水まわり専門メーカーが、自社の弱点である洗面化粧台（現在二機種、他の大手競合三社は一〇機種以上）の品揃えの強化に乗り出すことを決定したとしよう。

ユーザー側から見ると、洗面化粧台に求める機能は洗面・化粧のほかに洗髪・歯磨き、収納、衛生、デザインなど多岐にわたり、使用者の条件によってはさらに付加的な機能が考えられる。これらの機能を満たすために、メーカーの立場からは基本デザイン、材質、オプション機能等、さまざまな自由度があり、その組み合わせによって、いかようにも機能と価格帯の異なる製品をデザインし得る。

さらに概念を部屋の単位にまで拡大すると、その部屋は脱衣場、洗濯室を兼ねていることが多いことから、洗濯機、乾燥機、脱衣収納具との組み合わせ、さらにはシステムバスと同じような一体工事を含めたシステム化、床下スペースを活用した夜間電力温水器との組み合わせなど、いかようにでも発想の自由度を広げられることがわかる。

このようにして、一般に製品開発に際しては、まずユーザーの求める顕在――潜在のすべての機能を整理し、次にそれらの機能それぞれに対して考えられる戦略軸

（この場合は、大きさを含むデザイン、材質、オプション機器等）に沿って、「打ち手」をできるだけ網羅的・強制的に羅列することにより、発想の裾野を広げることができる。

この戦略的自由度——選択肢の拡大——は、開発に限らず、調達、製造、マーケティング、販売など、ビジネス・システムのあらゆるプロセスで同じように考えて応用することができる。

要は、考えられる戦略軸（自由度の軸）を整理して、その軸に沿って思い切り自由に発想する習慣をつけることである。

3−7 ユーザーの立場を考えたメーカーの自由度

（洗面化粧台の例）

典型的には、一つの目的の中に含まれる具体的要件を分解し、さらに明確にしていく過程である。

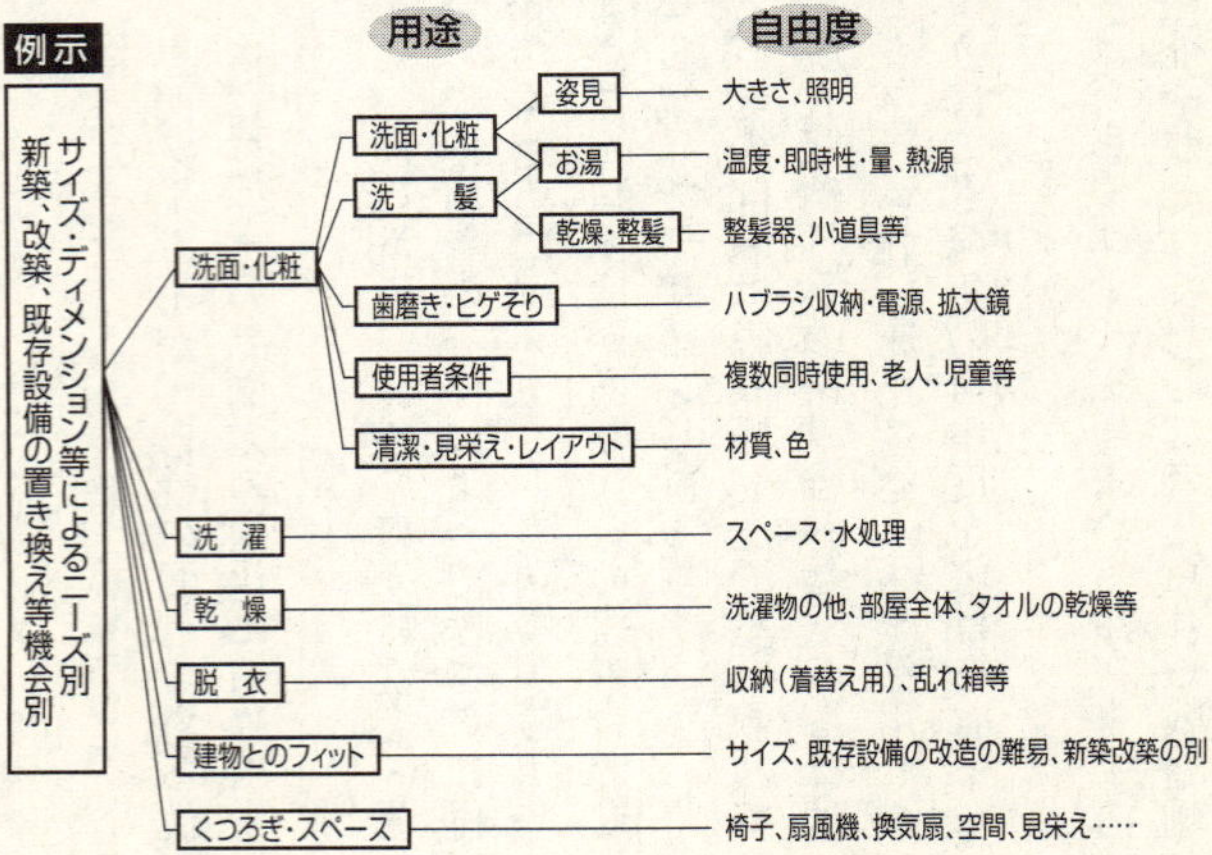

◉バランスのある選択肢のセットをデザインする

さて、各々の戦略軸に沿って自由度を模索したら、それらの打ち手を組み合わせて、全体としてバランスのとれた一組の選択肢のセットにまとめあげなければならない。コンサルタントの用語ではこれをCoherent Set of Alternatives（＝相互に調和のとれた、たくさんの小さな選択肢のセット）と呼ぶ。

先の洗面化粧台の例にみるように、一つの製品は複数の技術力の選択肢のセットで出来上がっている。同様にその製品を市場に出してシェアを得るためには、調達、製造、物流、マーケティング、販売の諸活動がうまく組み合わされていなければならないことはいうまでもない。

日常の業務活動の延長でもそうであるし、特別のプロジェクトなど非日常的な活動を通して、特定の目的を達成する場合も同じである。物理的組み合せでもそうであるが、第1章の「戦力のデザイン」の項で述べた「志気を高める」ような、ソフトな要素も含まれる。

このソフトな要素を含む一連の打ち手として、若い日の木下藤吉郎（豊臣秀吉）が、台風で崩れた清洲城の一〇〇間の石垣を三日で修復して織田信長を驚かせたという有名な「三日普請」のエピソードは示唆に富む。

藤吉郎のとった工事のポイントは、『新書太閤記』（吉川英治著）を借りれば、

(1)城壁一〇〇間を五〇に割りつけ、一組の持ち場を二間とした
(2)一組を大工三名、左官二名、石工等五名、計一〇名をもって組織し、その他に遊軍として材料運び等の雑用部隊をつけた
(3)四組に一名の棟梁を置いて、指揮、督励にあたらせた
(4)仕事にとりかかる前に全員を集めて酒食をふるまい、全員の気持ちをひきつけた
(5)その上で、工事の目的と三日という期限の重要さを全員に納得できるように説明した
(6)作業に当たっては拍子木と太鼓で休息と取りかかりのリズムをつけ、現場の惰気を一掃した
(7)規定外の成功報償をつけ、チーム間の競争意識を刺激した

——というものだ。

この場合のKFSはむろん、二間一組の工事の割りつけと人の配置にある。これによって、前任者が担当していた間は、わずかな工事正面に人が集中し、二〇日間も遅々として進まなかった作業の様子が一変した。全員が全面で一斉にフル活動できるようになったのである。

しかし、全面で一斉に工事にかかっても、整々と進めるための監督、太鼓などに

よる作業と休憩のメリハリがなければ、せっかくの組作業の工夫の効果も半減したかもしれない。さらに、「人たらし」と言われた藤吉郎だけに、人の心をひきつけ競争心をあおり、志気を高める手口も見事というほかはない。

Coherent Set of Alternatives ということは、理想的には単に目に見える物理的な諸元を準備するだけでなく、ソフトな要素も含めて、現実に「成果をあげる」ために必要な全ての要件を整えることであると言えよう。

◉選択肢を評価する

選択肢の評価については、いろいろな指標が考えられるが、大きく「成功した場合の費用対効果の大きさ」と「成功の確率・リスクの大きさ」の二つの軸に分けて考えるとよい。

費用対効果

「費用対効果」の軸には、それぞれの選択肢が狙いとする経済的効果（売上、利益など）と、実現のために要する資源の量（投資・経費・必要な人材資源など）を、可能な限り数値化してとらえ、効果・効率のよいものから順に並べる。もちろん、経済的指標でとらえられない効果（例えば人材育成効果、新しい参入を防止する効果など）も考えられるから、これらを付加して総合的に序列をつける。

もう一つの注意点として、効果を計算する際には、単なる「利益見込み」だけではなく、できるだけ「キャッシュ・フロー（Cash Flow：必要な費用と効果を時間軸の上に表記してとらえる手法）」の考え方を取り入れることをお勧めしたい。すぐに成果の出るものと、懐妊期間の長いものとを区別する必要がある。

その上で、状況によってＤＣＦ（Discounted Cash Flow：キャッシュ・フローを複利計算方式で現在価値に引き直して計算する手法）、投資回収期間、投資の利回りのような時間を評価する手法を用いるとよいであろう。

成功の確率とリスク

「成功の確率とリスクの大きさ」を考えるには、まず、実現のために必要な条件は何か、実現の障害となりそうな要因は何かを、ブレーン・ストーミングのような形式でできるだけ多く抽出し、内容別に整理することから始めたい。

自社の内部的な要因と、競合や経済環境のような外部の要因があろうし、ある程度コントロール・予測可能なものと、難しいものとがあろう（自社内の要因であっても、固有の能力や価値観のように、短期にはコントロールできないものがあることに注意）。その上で、これらの必要条件、障害要素を取り上げて、どのようなアプローチが可能か、具体的な手段もある程度頭に置きながら、それぞれの選択肢の「成功の確率・リスクの大きさ」を比較して、序列をつける。

序列づけの際には、全体を直観で処理してしまう方法もあろうが、実現の可能性については、とかく観測が甘くなりがちになるので、要素ごとに分けて、できるだけシステマチックなアプローチをすることにより、あらためて実現のための条件を厳しく再考することが大切である。それがまた、次の実行プログラムを考える上での手助けにもなる。

このように、費用対効果（コストだけでなく、必要人員当たりの効果など、特定の資源の効率に広げて考えてもよい）と成功の確率が判定できたら、それらを総合して評価する。要は評価にあたって、このように二つの軸を意識的に分けて、それぞれ独立して検討し、しかる後に総合判断する態度が大切なのである。

優先順位づけ

「成功の確率が高く、しかも効果の大きなもの」は最優先条件として、他のあらゆる選択肢に先んじて実行を急ぐ。「費用対効果は相対的に大きくないが、確実に実現できるもの」と「うまくいった場合の効果は大きいかもしれないが、実行するには障害が多く、多くの未知数を含むもの」のうち、どれを優先するかは程度の問題

3-8　選択肢の評価

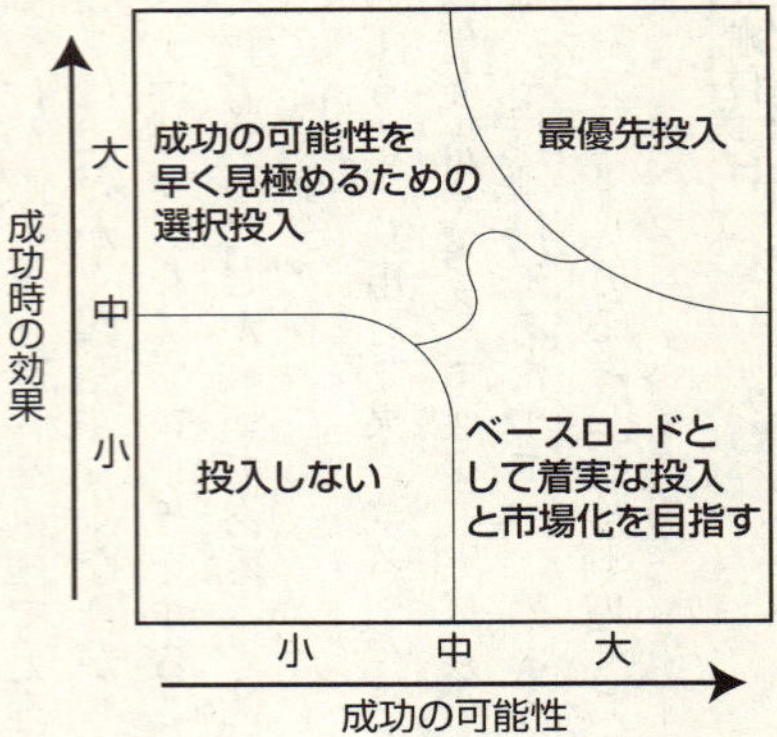

であるが、会社の体力、ニーズ、課題の性格などによって、判断するほかはない。

一般に確率の高いものは早くラインにおろして、実務の中で、ベースロードとして着実に実施を進めるべきであり、未知数や障害が多いが、大きな効果の期待されるものは、ある程度ラインから切り離して、専任の責任者を定め、プロジェクト型の取り扱いをするのがよいであろう。未知数や障害の多い選択肢は、専任者を置いて推進しないと、成功の条件を整えることが難しい場合が多い。

また、チェックポイントを置いて成功の可能性を早く見きわめ、メリハリをつけた決定をすることにより、惰性による不要な投資の継続を避け、必要なプロジェクトに効果的な投資を集中する必要があるからである。

◉現状分析との関係

ここでひとつ、作業手順として注意しておきたいことがある。

文章で書くと、戦略立案のプロセスは、前節の「診断」の結果に基づいて、戦略的自由度を駆使して選択肢を抽出し、それを評価する、という手順になる。

しかし、現実の問題としては、レイ・クロックのエピソードでも紹介したように、選択肢のアイデアは、自社や競争相手、あるいは他の産業の現場からヒントを得られることが多い。同じく障害要素も、現実の状況を検討する過程で、見出すべきものである。

文章の上では手順に従って机上で検討できるように見えることでも、常に現場に戻り、現状を分析し、確かめながら戦略を立案していくことが必要である。

その意味では、一〇六ページの図の矢印の方向に対しては、常に逆方向のフィードバックの矢印があり、あらゆる現実のプログラムは必ず「現状の事実分析」に立ち戻ると考えてよい。これは次節の実行プログラムも同様である。

POINT 5

実行プログラムを策定する

——大胆かつ細心な計画の立案

戦略課題に沿って抽出された選択肢の評価・優先順位づけが行われたら、今度はそれを実行プログラムに落とし込んでいかなければならない。第1章の用語でいうなら、戦略目的に合わせて資源を調達・配分し、戦術・戦技・志気を巧みに組み合わせる、ラインによるオペレーションの世界である。目的地に達するためには、大きな計画図（ロードマップ）が必要である。そこには進捗状況をチェックし、未知の要素を再検討するためのチェックポイントも、記入されていなければならない。障害要素を克服するためには、思い切りメリハリの効いた意思決定の姿勢や、拙速を重んじる態度も必要である。

◉ロードマップを作る

自動車で遠く離れたところに行こうとするとき、人はまずロードマップを見る。そして、どこそこの角を左に曲がって県道に入り、××インターで高速道路に乗る。休憩をかねて昼食は○○パーキングエリアでとり、△△インターで降りてから

3-9 ロードマップ

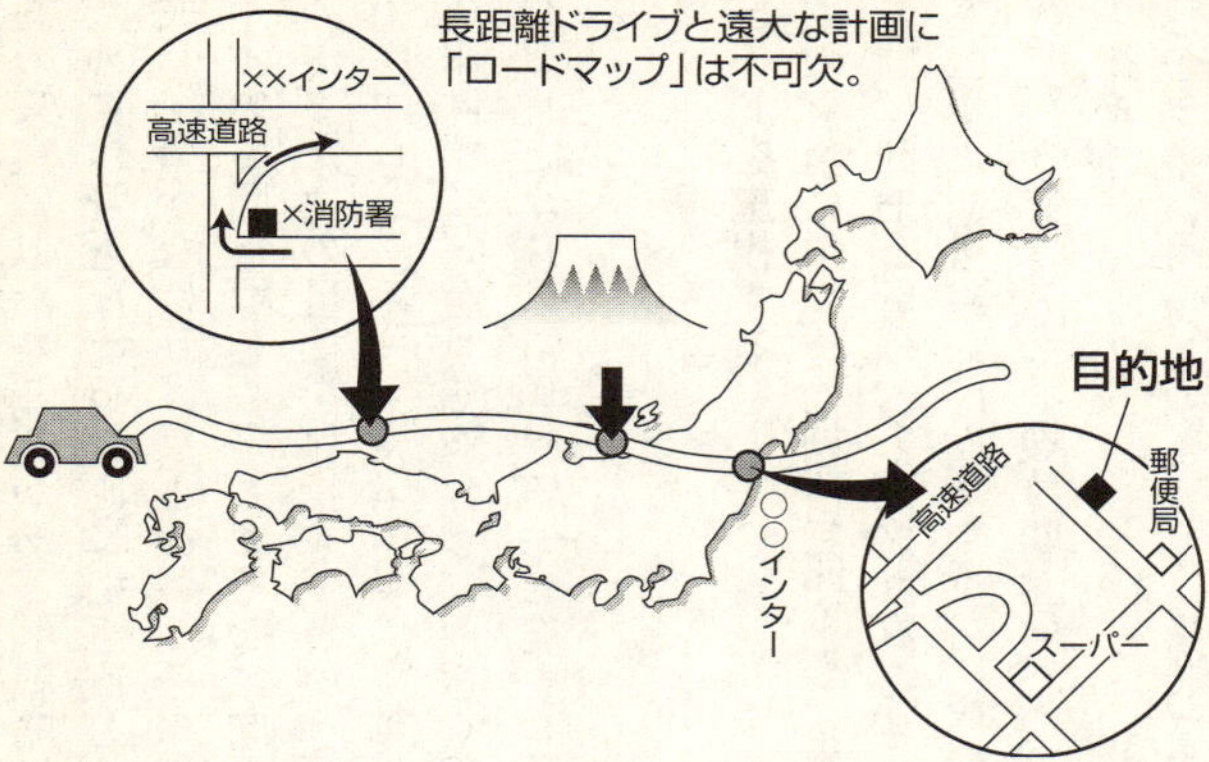

先の道筋はこれこれで、到着予定は午後三時頃……というように、計画を立てるであろう。

遠大な計画は、漠然とした計画のままでは実行は困難である。登山家が未踏峰に登るときには、あらかじめ写真や地図でできるだけ詳しいデータを集め、先の状況を推測して、ベースキャンプの位置、第二、第三次キャンプの位置を決める。しかし、現地に行かないと、氷の裂け目や岩場の状況はわからないから、細かいルートは現地に行ってあらためて見直す。しかも全体としては、雪の季節が来るまでの許された期間内に終了するように、全体プログラムを踏み外してはならない。

経営戦略の実行プログラムは、この登

山計画の策定に似たところがある。戦略目標は、戦略性の高い遠大な計画ほど、実現のためには身近な実行計画に引き直して、全体として整合性のとれたプログラムに錬成していかなければならない。そのためには、現時点・現在位置から見通しの立てやすい中間目標を設定してそこに向かって進み、中間目標に達したら、状況を確かめてまた次の目標を目指す、という具合に、ステップを踏んで具体的なプログラムを展開していくことが大切である。特に異なった機能を持つ複数の実行部隊が、全体目標に向かって整合し、正しく行動することが要求される場合には、この進捗の管理と全体の計画見直しを含むロードマップを、全員に徹底することが必要になる。

◉スピードを重視する

孫子の言葉に、「兵は拙速を聞くも、未だ巧久なるを見ず。夫《そ》れ兵久しくして、しかも国に利ある者は、未だ之れ有らざるなり」（戦いは少々作戦にまずいところが残っても、速やかに決すれば成功するが、最善の作戦であっても、長くかかったものがよい結果を得たためしはなく、戦争が長引いて、国に利益をもたらしたという例はない）というものである。

実行がラインのマネジメントに委ねられる場合、戦略性の高い遠大な計画よりも、期日の迫った現実の課題のほうが優先されがちになったり、長期課題の進捗が遅れたり、その間に環境の変化のために本来のプログラムの意義が薄れたりする場合もあり得る。

旧建設省（現国土交通省）の多くの長期プロジェクト、例えば長良川河口堰、有明海干拓堰等、数十のダム、河口堰、干拓等の用水計画が、計画当初から時間を経て、今では全く不要となっているにもかかわらず、毎年膨大な予算を消化し、税金の無駄遣いを続けている。受益者である農業や関連産業の構造の変化が、ロードマップに正しく反映されていないのである。

お役所仕事と笑ってはいけない。過去のスタディーを通じて私が見た範囲でも、計画通りの実施がなされず、実を結ばなかったプロジェクト、うやむやのままに立ち消えになったプロジェクト、進捗管理がないためにズルズルと終止符なく継続している惰性のプロジェクトは、企業においても決して少なくない。

◉変革のための飛躍――資源の思い切った投入

今ひとつ、実施プログラム策定にあたって必要な事柄は、「変革のためには、現状からの意図的な飛躍が必要」だということである。

理論的には、現状から目標とする理想状態にまで、着実に、かつスムーズに移行するのが最もムダが少ないであろう。しかし現実には、変革を実効あるものにするためには、当初は振り子を行き過ぎるまで大きく振って、しかるのちに手を戻して修正する態度をとらなければ、意図した変革は起こりにくい。

　人間の組織は、根底は保守的であり、意図せずとも変革を骨抜きにする慣性法則が優越しがちである。ライフサイクルのピークを過ぎた事業部門でも、会社の技術の中核としての伝統と誇りを持っている部門からは、鍵となる有能な技術者を、まだ製品も市場地位も未確立の新規部門に大量にシフトさせることは容易ではない。

　そのような場合、全要員の七〇％をまず異動させると考えて無理にでも計画を作り、しかるのちに復活折衝によって、五〇％の異動に落ち着かせる。このように、一度思い切り振ってしかるのちに手を戻すという方法が、現実的には効果がある。

投入順序と資源配分量の選択の問題もある。

　次ページの図は、同じ資源量を投入しても、投入の仕方によって、成果に大きな差が生まれる状況を示したものである。

　一つの開発を完成するために、一〇人／年の人的資源が必要であるとする。毎年一テーマを選び一〇人全員をそのテーマに投入すると、理論的には、毎年一製品が完成し、市場に出る。しかし、もし同時に一〇テーマを選び、一人ずつを張り付けたら、どの製品も完成までに一〇年かかり、しかも一〇年後に突然一〇種類の新製

3−10　資源投入も方法によって違いが出る（概念図）

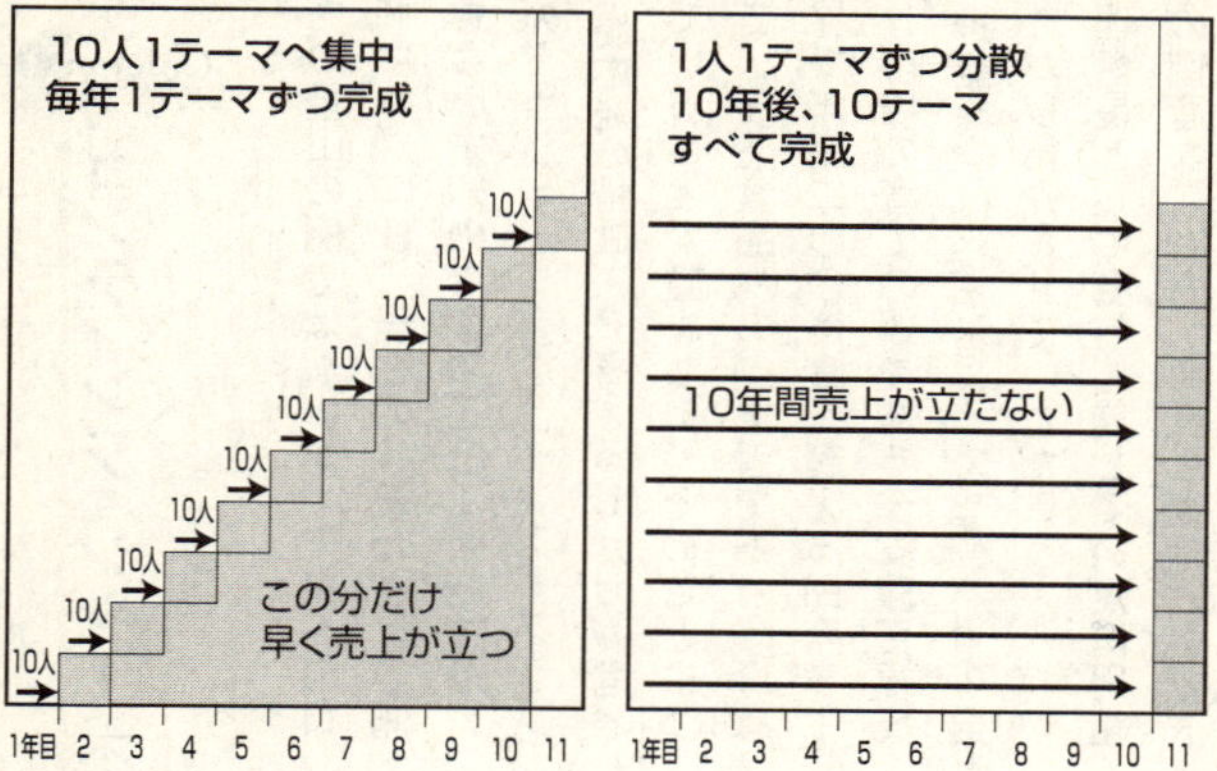

品が世に出ることになる。どちらが得かはいうまでもないであろう。

同じことだが、新規部門に投入するにしても、少しずつ、それもキー・パーソンでない人を投入して様子を見る、というのでは、上がるはずの成果も上がらない。「兵力の逐次投入」は兵家の最も戒めるところである。

太平洋戦争の際、日本はガダルカナル島でそれをやって失敗し、多くの将兵と優秀な搭乗員・飛行機と、多数の艦船を失った。しかもガ島の奪回はならなかった。もしガ島戦の当初に、最終投入兵力の三分の一でも投入する覚悟で取り組んでいたら、少なくとも一次的には飛行場を奪回し、敵を撃退できたし、損害もはるかに少なくて済んだろうといわれる。

Column ❶

コンティンジェンシー（不測の事態）に対処する

先の登山の例ではないが、未来へのロードマップには、現在の状況からは予測できない未知の事象に正しく対応するための、コンティンジェンシー・プラン（臨機応変の措置）を考えるしかけが含まれていることが望ましい。そのことについて、日清食品㈱の創業者であり、今は世界で年間二〇〇億食を超える即席ラーメン市場の育ての親である、安藤百福《ももふく》氏の挿話を、同氏の自伝『奇想天外の発想』から紹介させていただこう。

理事長として名前を貸していた信用組合の倒産などから、事業と財産と名誉まで奪われたどん底の中で、安藤氏は即席ラーメンの開発に取り組んだ。中古の製麵機と大鍋一個を相手に、文字通り不眠不休の苦闘の末、「チキンラーメン」の原型が完成したのは昭和三三年（氏が四八歳のとき）のことであった。

知人に振る舞ったところよい反応を得たので、食品問屋に持ち込んでみたが反応は冷たかった。

「こんなけったいなもの、どないにもなりますかいな。持ってお帰り」

「うどん玉一個六円でっせ。一袋三五円は高いわ。あかん、あかん」

よい商品と売れる商品との間には、常にギャップがある。そのギャップは埋められないこともあるし、時間的なズレに過ぎないこともある。消費者全般に広がるには、時間と、それなりの方法が必要なのである……と、氏は自伝の中で述べておられる。

結局、安藤氏の場合は、百貨店の試食販売や新聞への一段通しの広告、サンプル出荷、店頭在庫（商品を店頭に置かせてもらい、売れたら代金をもらう手法）など、あらゆるマーケティングの試みを通じて、消費者に直接訴えかける工夫を経て、社会の認知を得ることに成功し、爆発的な需要を導き出した。

これがもし安藤氏でなければ、開発技術者がここまで工夫に富み、冒険的かつねばり強いマーケティングの努力を行い得ただろうか。斬新な発明も、その場の状況に合わせた柔軟なマーケティングの対応があって、初めて日の目を見るのである。

安藤氏はその後も「カップヌードル」発売の際に同じ問題に直面し、このときは銀座で始まったばかりの歩行者天国に直接出店したり、お湯の出る自動販売機を開発（日本で最初）してそれを持ち込み、職域販売を成功させるなどの市場努力を重ね、冷淡だった流通業界の態度を一変させることに成功している。

昭和四九年、安藤氏はチキンラーメン、カップヌードルに続いて、第三の商品「ブリックライス」（インスタントライス）の本格的な発売に乗り出した。過去の商品の成果から考えても、誰もが大当たりを信じて疑わなかった。

商品自体の完成度は高く、新米であれ古々米であれ、特殊な方法で蒸して多孔質に処理したインスタントライスの味は、ピラフもドライカレーも申し分ないものであった。古米の処理や米離れに悩む農水省はじめ、大臣・総理クラスの人からも賞賛され、支持協力が得られた。マスコミも持ち上げ、大々的な宣伝もあって流通の評判も上々、発売と同時に空前の五〇億円という大量注文を受けた。滋賀工場内に三〇億円（当時の日清食品の資本金の二倍、年間利益にほぼ匹敵する金額）を投資して、新鋭設備を建設した。

ところが、一カ月後に注文は激減した。ショックを受けた氏は何軒かのスーパーを自分の足で歩いて、消費者の反応を探った。

氏の観察によると、主婦たちは一度はブリックライスをカゴに入れるが、山積みされて安売りされている即席麺の売り場に来ると、ブリックライスをカゴから出して即席麺を入れる。追いかけて尋ねてみると、「興味はあるので買おうかと思ったが、家で炊けるご飯を一個二〇〇円で買うより、自分で小麦粉からは作れない即席麺を六個買うほうが、経済的だし子供も喜ぶ」という答えが返ってきたという。

これを聞いて氏は三〇億円をどぶに捨てたつもりで、世間の思惑や社内の反対・泣きを押し切って、ただちに撤退を宣言した。自ら市場に直接出向いて、主婦の側に「買うべき必然性がない」ことを読みとったのである。

氏は次のように書いておられる。

その決断は、眠れぬ夜を幾晩も過ごし、血の出る思いで下したものだ。もし私がサラリーマン社長であったなら、退却を指示できただろうか。任期を大過なく終わりたいと思えば、決断を先に延ばし、出血に応急手当をしながら一時しのぎをしただろう。

重役会で役員の意見を聞き、あらためて市場リサーチをしたりしてぐずぐずしていたら、ブリックライスに足を取られて、本業の即席麵まで危うくしていたに違いない。

氏の自伝を読むと、氏の着想のすばらしさ、強い信念、不屈の努力、果断な決断力とともに、常に現場や最終消費者に直接あたり、謙虚に現実を見つめる柔軟な対応力と実行力に心を打たれる。

ところで、同様の問題を創業者でない通常の経営者やスタッフが、正しく対応するためにはどうしたらよいか。

実は、ロードマップの中に、事業進捗の節目ごとにきちんとチェックポイントを、あらかじめ埋め込んでおくことが大切なのだ。その「一里塚」には、予想される状況の範囲をきちんと書いておき、予想外の事態が起こればただちに警鐘を鳴らして、直接現場や消費者にあたって確かめるなど、必要と思われる行動の引き金を引くプログラムが、組み込まれているとよい。

さらに可能な範囲で、大まかな打ち手のオプションも考えておく。つまり「現実への感度」と「柔軟な姿勢」が、チェックポイントごとに、あらかじめ計画の中に組み込まれていることが望ましい。

世に多くの事業計画を見るが、あらかじめ起こり得る事態を複数想定して、将来時点での複数の代替案を用意しているケースは少ない。しかし、不測の事態を含めて、あらかじめ起こり得る状況を点ではなく幅でとらえ、計画することによってこそ、柔軟な発想と現実への高い感受性が訓練されるものであることを書き添えておきたい。

4

組織を構築する

POINT *1*	戦略が変われば組織も変わる
POINT *2*	ビジネス・システムを考える
POINT *3*	７Ｓを考える
ケース	ヤマト運輸の成功例に見る７Ｓ
付　論	組織論の系譜を考える

POINT 1

戦略が変われば組織も変わる
――ストラクチャー・フォローズ・ストラテジー

軍事モデルであれば、戦略が決まればただちに必要な機能を備えた実施部隊が編成される。ところが、経営戦略では、新しい戦略が構築されても、それを実施するために組織が再構築されることは少なく、今までの日常業務の中に吸収されて、結果としてあまり大きな変化が起きないということが少なくない。

実は、組織は前章「戦略立案」の中の「実行プログラム」の中核をなすものであるが、あまりに大きな課題であるので、章を改めて取り上げることにした。

◉軍事モデルにおける戦略と組織

軍事モデルにおいては、その組織構成が、平時の訓練を中心とする組織と、戦時に作戦遂行のために編成される組織とで異なるのは、むしろ当然である。真珠湾に集結しているアメリカ太平洋艦隊を無力化するために航空機による奇襲を考えるとすれば、当然最精鋭の主力空母のすべて（六隻）を中核とし、護衛部隊としては足の速い空母に合わせて、戦艦の中では特別に高速の二隻と巡洋艦、駆逐艦からなる「機動部隊」を編成する。遠距離作戦であるので、途中に給油艦を数隻配備する、という具合である。

ところが、経営モデルにおいては、戦略の立案と組織の編成は、必ずしも連動しない。軍隊と違って経営組織は、平時と戦時の区別がなく、常に経営目的に向かって作戦行動しているからである。「中期計画」などが定められても、それはむしろ現在の組織活動を前提として、若干の修正を加えてよりよい成果を目指すという現在の機能の延長上の戦略にすぎない場合が多い。しかしこれでは、新しい戦略によって、大きな変革を目指すことは困難である。

経営コンサルタントになったばかりの頃、「Structure follows Strategy（組織の構造は戦略によって変わる）」という言葉を聞いて、実に新鮮な思いがした。戦略が資源の配分・再編成であるならば、これは当然のことである。それ以後、私の行うスタディーでは、ほとんど常に最終提案の中に「組織運営体制」が加えられるようになった。戦略が今までと何か違ったことを目指すものであれば、それを実施するための最適な組織とその運営体制が、これまでのものと同じでよいということは考えにくいからである。

◉組織の病理

戦略の遂行に当たって今一つ考えてみなければならない要素に、いわゆる大企業病の問題がある。巨大化し、機能分化した組織の中では、組織それ自体の要求が本来の目的より優先してしまい、内部手続きや組織間の調整のメカニズムが複雑化して、正しい意思決定・行動がなされない、あるいは時間がかかるという課題がある。組織維持のための管理機構や手続きが、「市場ニーズに即し、環境の変化に応じて組織のあり方を変化させていく」という機能組織本来の柔軟性を失っているときに、戦略を論じても必要な変革は生まれにくい。

そのことを計算に入れた上で、戦略的に柔軟に機能する組織の要件を考える必要が生じる。今までの戦略系組織論は、事業部制とか戦略事業単位（SBU）、プロダクト・マネジャー制、プロジェクト・チーム制……というように、巨大機構の弊害をさけるために、巨大組織を小単位に分けて機動力を確保するという方向に進んでいる。しかし、それだけでは会社全体の組織風土の問題を解決することにはならない場合が少なくない。

◉ビジネス・システムと7S

この課題を解決し、機能的な戦略実施のための組織の「最適運営」を考える手がかりとして、あらためて「ビジネス・システム」の考え方と、「7S」の考え方を取り上げて検討してみたい。

通常の組織機構は、次ページの図（4-3）のようにピラミッド型の権限・責任の分掌によって成り立っている。これに対して、ビジネス・システムはアウトプットを目指して最適な機能の「流れと結びつき」に着目するものである。

また、7Sは、戦略・組織・運営のシステムのような、ハードな要件と、その背後にある人の課題（Staff）、個人の技能（Skill）、仕事のスタイル（Style）、共通の価値観（Shared Value）のようなソフト要素を取り扱うことにより、戦略に合った組織の最適運営を目指す上で格好な考え方の枠組みを提供してくれるからである。

現状認識・分析に基づいて、事業のあるべき戦略・打ち手を考えたら、それを実行するための組織は、単に必要な人材資源を割り当てて編成するだけでは、不十分である。組織はそれらの割り当てられた人材資源が、正しい目的に向かって効果的に機能し活動するような要件を満たすものでなければならない。

4−1　ハード3Sとソフト4S

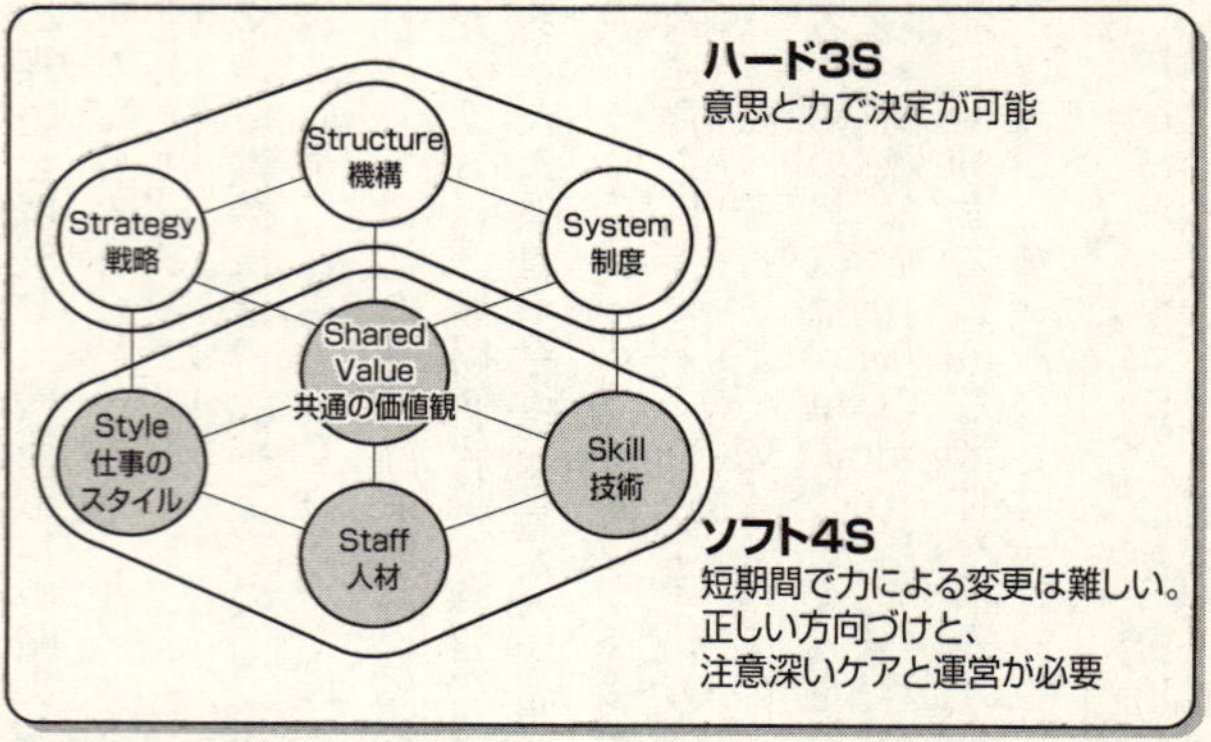

4−2　ビジネス・システム

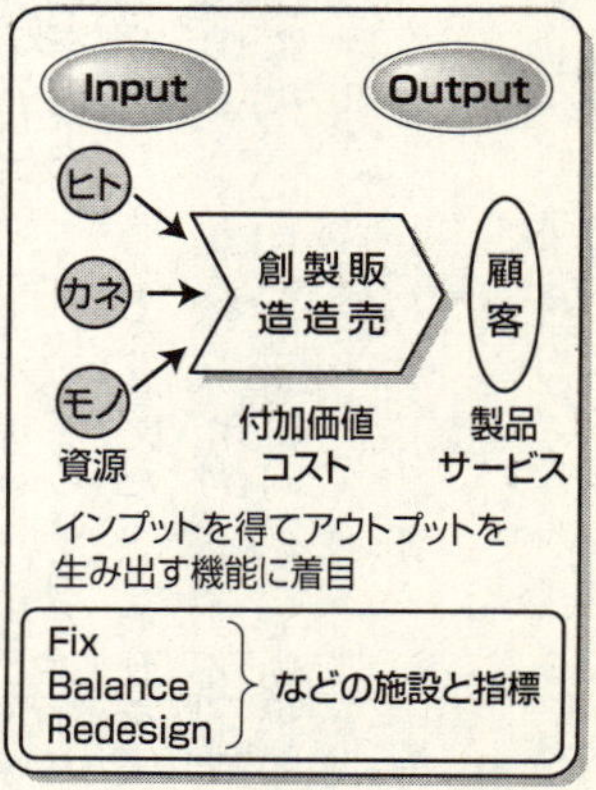

4−3　組織機構

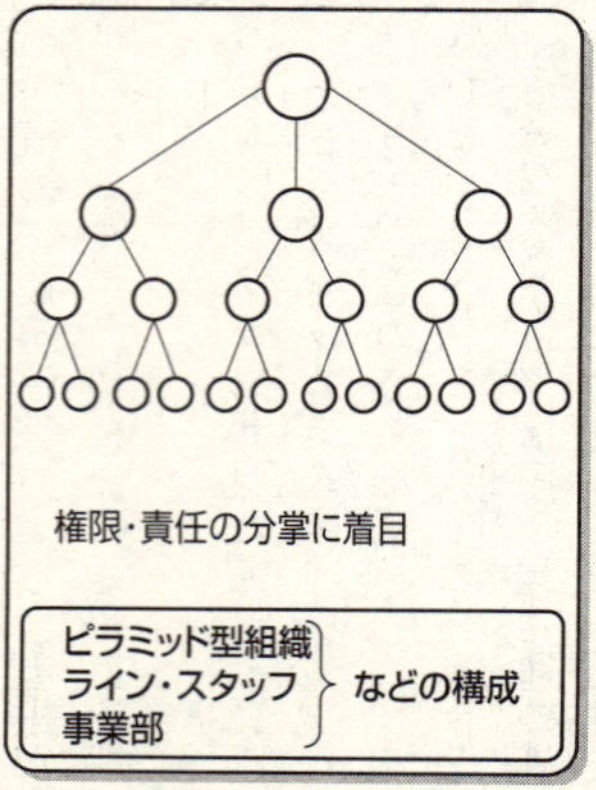

POINT 2

ビジネス・システムを考える

――フィックス・バランス・リデザイン

先に第2章で、自社のインプリシット・ストラテジーを自覚するための手段として、事業のビジネス・システムの流れに沿って、KFS（成功の鍵）が何か、会社はどの分野にどのように資源を配分し機能させてきたかを検討した。本章では、新たに戦略を展開する際の組織設計の考え方として、フィックス（Fix：機能の改善・強化）、バランス（Balance：機能間のやりとり、調整）、リデザイン（Redesign：ビジネス・システム自体の再設計）――の三つの視点を紹介し、活用を考えていきたい。

◉ロジスティクスの考え方として体系化

私の理解するところでは、ビジネス・システムの思想は、もともとは物流（ロジスティクス＝Logistics：広義の物流）の世界の考え方として体系化されたように思う。一九八〇年頃、マッキンゼー社の物流グループの中には、すでにこの考え方が存在していた。

物流の最適化を目指すには、全体のコストを最小にし、顧客への最大のサービスレベルを達成すればよい。それが、最も効果的に付加価値を取り込み、収益性の高いシステムを作る鍵である。そのためには開発・設計に始まり、資材調達・生産・販売・配送に至る最終ユーザーに到達するまでの業務プロセスを、いかにうまく機能させるかを検討することが必要になる。

このビジネス・システムの視点から、コストを最小にし、アウトプットを最大にするための物流改善の方法として、

- フィックス（各プロセスごとの最適設計、コスト改善の工夫）
- バランス（各ビジネス・プロセス間のバランスと業務の流れの最適化を図ることにより、総体としての効率改善を目指す）
- リデザイン（ビジネス・システム全体の構成を、異なる視点から構築し直す）

——の三つのアプローチが考えられた。

この物流のフィックス、バランス、リデザインの概念は、そのまま組織設計に当てはめて考えることができる。

以下、物流におけるそれぞれの意味を確かめながら、組織設計への意義を検討してみたい。

4−4　ビジネス・システムを検討するにあたって三つの基本形のアプローチが存在する

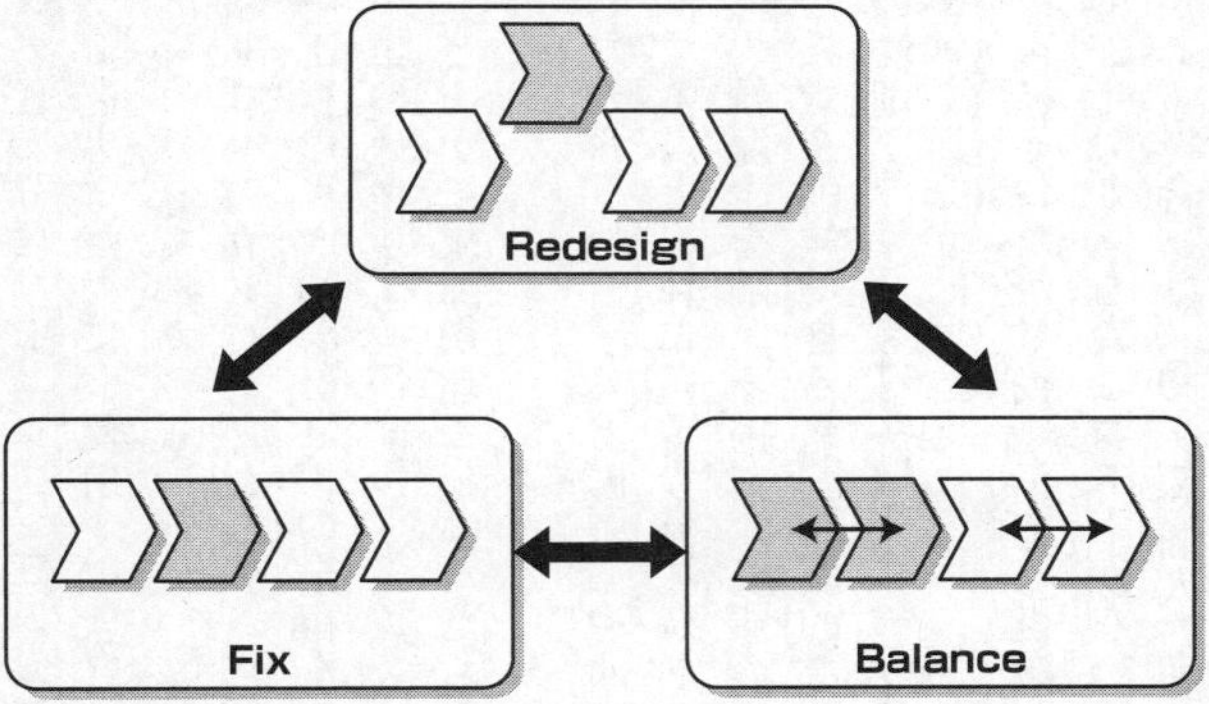

◉フィックス（Fix）

フィックスは、「壊れたものを修理する」などの意味を持つ用語であるが、ビジネス・プロセスの各工程ごとに、その工程の業務をなるべく完璧に近づけることを期するものである。品質管理活動（QC）などで改善される項目の多くはこのフィックスに属し、分化された狭い組織の範囲内だけで完結するために、当事者にも効果が見えやすく、日本人の得意とする分野である。しかし、自己の工程のみを視野におくために、部分の最適化はできても、全体として最適に至らない場合がある点、組織の枠を超えられない恨みが残る。

ところで、物流の世界では、当初はフ

イックスの代わりにリデュース（Reduce＝削減）という言葉を用いていた。同じアウトプットを出すために、使用すべき資源を極限まで削減せよ、そのためにむだを省け、という意味である。

例えばトヨタのカンバン・システムに見られるように、各工程の在庫は最小限がよい、各工程のキャパシティーの余裕を認めず、能力いっぱいがよい、という思想である。単純に考えると、そのような余裕のないデザインは、前後工程との関係で、もしどこかに故障が起こればただちに工程全体の停止につながる点でリスクを含む。

しかしながら、放置すると膨張しやすい組織の通弊から考えると、常にリデュースを志向すること自体に重要な意味がある。行政改革なども、本気でやるつもりなら、組織の統廃合を論じる前に、まず今の組織のままで、アウトプットを下げずにどこまで人数を削減できるか、徹底的なむだの排除から始めるべきなのだ。パーキンソンの法則（後述）ではないが、余分な人数がいるほど余計な仕事を作りだし、組織自体の機能は低下する。

話が横道にそれたが、戦略実施の組織としては、まず、この各ビジネス・プロセスの機能が十分か、むだなコストがないかを検討する必要がある。その結果、機能に不良がある場合には、まず、「個人の戦技能力」の向上、つまり訓練が十分か、そ

4−5 製造業のビジネス・システム

ビジネス・システムの各段階にレベレージ・ポイントが存在する。いろいろな活動が存在し、それぞれの機能を果たしている。これを正しく行うことが、Fixである。

例示

技術	製品開発	調達	製造	物流	マーケティング	販売	サービス	ユーザー・セグメント
・ソース ・複雑さの程度 ・パテント ・製品／プロセスの選択	・機能 ・物理的特性 ・美的外観 ・品質 ・パフォーマンス	・品質 ・タイミング ・フレキシビリティー	・インテグレーションのレベル ・製造能力 ・ロケーション	・在庫コスト ・配送コスト ・サービスレベル	・価格 ・パッケージ ・ブランド ・広告 ・プロモーション	・セールスマン ・カバー率 ・競合勝率	・品質保証 ・スピード ・店頭在庫率 ・修理	・規模 ・成長性 ・用途・目的
・R&D ・カップリング ・知識のギャップ	・プロダクトパリティー ・パフォーマンスギャップ ・デザイン	・調達先管理手法	・設備導入 VS 改造 ・マスプロ VS 少量多品種	・ストックポイント ・輸送手段 ・EOO ・ROP	・セグメンテーション ・EVC ・プル VS プッシュ	・チャネル選択 ・チャネル内シェア ・直売	・購入決定要因 ・品質差	・DMU ・DMP
		↑ （例：トヨタ自動車）				↑ （例：松下電器）		

れが可能かを考え、その後にそれでもまだ不足するなら、資源の増強や外部からの調達を考えることになる。

◉バランス（Balance）

バランスという概念は、個々の機能、プロセスの最適化を図るということよりも、物流ないし業務の流れの前後工程間のバランスに注目し、最適な組み合わせを見出すことによって、総体としてのビジネス・システムの最適化を図ることを目的とするアプローチである。

生産と販売の関係を考えてみよう。実は、この二つの機能には、それぞれ本質的に矛盾した要求が存在する。個々のプロセスの目的関数が異なるからである。

例えば、生産の立場で製造コスト最小を狙えば、少品種大量生産が最もよいが、これでは在庫が増大して販売に圧力がかかり、値下げにつながる危険性がある。逆に販売の立場では品揃えの豊富なほうがよい。そのために、多品種少量在庫を要求するが、行きすぎると生産コストの増大、不良在庫の拡大につながりかねない。

したがって、「総体としてのビジネス・システムの効率」という立場からは、別々の部署の所管となっている個々のプロセスの能率をある程度犠牲にしても、全体が最適になるようなバランスを目指す何らかのメカニズムや組織の境界を超えて最適化を図る運営機能が要求されることになる。

そのためには、生産と販売の間に「生産→在庫→販売→需要予測→生産」とつながるミニビジネス・システムを考えて、現在は別々の所管となっている生産と販売を一元的に調整（生産上の段替《だんがえ》時間、販売上の売り逃し可能性などを配慮）し、例えば需要予測精度の向上などの解決策を組み込んで、全体最適を目指す柔軟な情報の流れと意思決定プロセスを設計することが有効である。

このように考えていくと、バランスの課題は、前後工程間での部分最適化を避ける資源配分の整合性、妥当性の問題と、全体最適化を図るための作業の受け渡しに

4-6　バランス

それぞれのビジネス・システムに内在するサブ・オプティミゼーションへの要求がトータル・オプティミゼーションを阻害する。それを、例えば正しい予測と情報のフィードバックを高めることにより、全体として最適のシステムを考えるのが、「バランス」の考え方である。

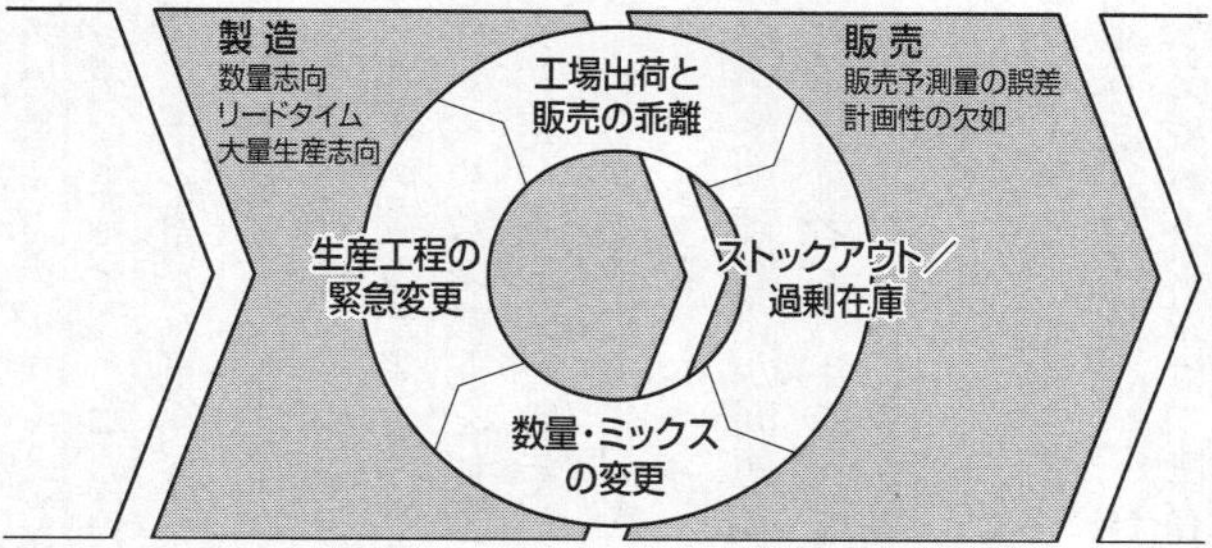

関連する相互協力の問題・コミュニケーションの問題に帰着するケースが多いことがわかる。

人間の機能は、本来多能工的であり、幅広い分野を同時に考えることができるものである。優れた発明家、創業者、オルガナイザーには、そのような多面的な能力を発揮している人が多い。

それが、会社という組織の中で、特定の分野を与えられ、長年その業務に専念しているうちに、目前の作業の部分最適化が目的となり、全体の最適を追求する活動が、組織人の本来の業務であることを忘れてしまいがちになるという問題に突き当たる。大企業病の問題の根源の一つである。

以上のことから、戦略実施の組織体制

の上で、バランスの考え方を少なくとも次の点にまとめることができる。

(1)一つの戦略の最適な実施を図るためには、全体最適化を図るためのコミュニケーションと、意思決定を司る効果的なサブ・システムを考えることが有効である(それぞれの機能の長を通して調整するのでは、決定がゆがんだり遅れたりする)。プロダクト・マネジャー制や、プロジェクト・チーム制のような、複数の機能にまたがる組織や、運用の制度が考えられるのはそのためである。

(2)人材育成の過程で、複数の機能を体験し、機能を超えた広い視野で物事を考える体験を積ませる必要がある。一般にバランスの課題は、前工程が後工程、とりわけ最終ユーザーの立場をよりよく理解することによって改善される場合が多いからである。

その意味では、組織の硬直化が問題となっている今こそ、かつてホンダが実施していたように、若年技術者の大半を二年間程度、販売/顧客サービスの店頭にまず配備して、ユーザーの声に対する感度を訓練するような人事のあり方を検討すべきではなかろうか。

◉リデザイン(Redesign)

前述のフィックスやバランスは、既存のビジネス・システムを前提としているので、その内部の最適化を図るという点では、既存の枠を超えるものではなかった。

その点、リデザインは、既存のビジネス・システムを前提とせず、最終アウトプットのみに着目して、全く新しい視点でゼロベースから最適ビジネス・システムを再設計するものである点、前二者と趣を異にするダイナミックなアプローチである。

唐突な言い方であるが、物流の視点から見ると、世の中に存在している大きなビジネス・システム（マクロ・ビジネス・システムという）を、自社のビジネス・システムに取り込むことによって、新しい大きな市場機会が生まれることが少なくない。

町の工務店が、角材、板、屋根、壁を現場で加工し、組み立てていた住宅建築のビジネス・システムを、標準化・モジュール化して工場で量産し、現場では組み立てるだけというプレハブ住宅は、その例である。

主婦が米を買い、洗って、家庭で調理していた作業を、「ほっかほっか亭」はおかずとセットにして、炊きあがったごはんとして提供した。

今はやりのリエンジニアリングは、社内の既存ビジネス・システムに対し、特定のアウトプット、特に「主要な顧客グループへの最適なサービスの提供」ということに注目して、内部のビジネス・システムの簡素化・意思決定のプロセスの最適化を目指すものであり、リデザインの一形態と考えていい。

特に情報システムの飛躍的改善により、情報が特定機能の内部に独占されることなく、リアルタイムで、誰にでもアクセスできるようになったことで、機能間の有機的な協同作業を目指すリデザインが容易となった。

またリストラは、余剰を省いて組織の大幅なスリム化を目指すもので、組織の改編を伴うことが多く、やはりリデザインの一形態といえる。

一般に、リデザインの発現形態としては、次ページの図のように、

- ビジネス・システム上の資源投入の量や態様の大幅な変更
- 同種の製品・サービスを生み出す内部プロセスの大幅な変更
- プロダクト／サービス自体の変更を伴うビジネス・システムの変革
- 組織前提自体の大幅な変更（いわゆるリストラは、これを含む場合が多い）

――の四つの形態が考えられる。

このように考えると、リデザインは、まさに戦略的な資源の再設計そのものである。

軍事モデルでは、作戦のたびごとに「編成作業」を行うのが当然であるが、一般に日本の企業は高度成長と終身雇用のせいもあり、自己完結的で閉鎖的になり、ダイナミックな再編が行われにくかった。しかし、組織は元来、アウトプットを目指

4–7　組織におけるリデザインのさまざまな態様（例示）

形　態	業務変革／組織改変の例
ビジネス・システム上のウエイトの大幅変更	●販売1チャネル→複数販路化 ●ライセンス生産—→自力開発 ●特定部門の極端な縮小・改廃・新設・統合など
プロセス自体の変更 （部分的なものから全体的なものまで幅広い態様がある リエンジニアリングはこの範疇に入る）	●外注—内製化 ●全社一貫物流部門の一本化・独立 ●ハードウェア→ソフトウェアへの参入 ●工程の前後関係の大幅変更 （例えば工場組み立て→販社店頭組み立て） ●製品別組織→顧客別組織＋総合サービスセンター設置 ●機能的組織→顧客別小グループ ●高炉一貫製鉄→電炉・都市近郊立地（スクラップ増大）
プロダクト自体の変更	●木造戸建て住宅→プレハブ住宅+全国工務店網 ●タイプライター→ワープロ→パソコン
組織前提自体の大幅変更	●新規事業参入、多角化 ●分 社 ●合併・買収・売却・切り捨て

して人為的に編成されたものであり、何ひとつ禁じ手はないはずの世界である。

変化していく環境の中では、組織のあり方も変容を免れない。組織が環境の圧力に応じて、遅れて変更するか、戦略的に変革を先取りして、攻撃的に自らを変革するかの違いである。

そろそろ、経営モデルにおいても、軍事モデルにならって新しい戦略を考えるたびにどのようなビジネス・システムが最適か（組織変更自体が目的にならないこと。あくまでもアウトプットを中心として最適設計を考えることが大切）、ゼロベースから再デザインする工夫を考えてみてはどうだろうか。

このことはまた、実行組織を考えること自体が前章「戦略的自由度」の一つであり、組織のリデザイン（＝資源の再配分）そのものも、その自由度の一つに組み込んで考える必要があることを意味している（＝フィードバック）。

＊　＊　＊

余談ながら、行政改革について一言。

省庁の統廃合もなるほど、リデザインには違いないが、問題は「アウトプット」に着目して、そのための「最適な設計」を考えるのではなく、現在の機能、権限別のダブついたピラミッド型組織を、ピラミッドのままで横に重ねて統廃合しているに過ぎないことにある。

その結果、人数が減るのか、コストが下がるのか、サービスレベルが向上するのかについて、しっかりした検討もなければ保障もない。

国鉄や道路公団の民営化にしても、民営化自体は目的ではない。問題は、トータルの要員（切り離された民鉄を含む）がどれだけ減り、サービスの内容や収入がどう変わり、結果として全体の借金がどうなるかである。具体的な検証が必要である。

最初に組織ありきで考え、その組織のアウトプットを生むためのプロセスを変えることなく、ただいじくり回し、テリトリーや権限の争いに終始するからこうなる。

大切なのは、「ストラクチャー・フォローズ・ストラテジー」である。まず結果として、何を求めるのか、行政のアウトプットであるサービスの中身を意識し、それを求めるための、コスト（人数）が最も少ない最適なビジネス・システムをデザインする姿勢をとるべきである。

POINT 3

7Sを考える

――組織を機能させる要件

前節で論じたビジネス・システムは、組織の機能を保証するために、組織の機構や制度を検討するためのアプローチであった。それに対して本節で述べる7Sは、結果として組織がうまく機能するための要件を、より広い視野から探るための考え方の枠組みである。戦略の実施が人（Staff）によってなされる以上、組織とシステムだけでは律しきれない人の持つ技術（Skill）、仕事の進め方や組織風土（Style）、さらに価値観（Shared Value）等の要素が整わなければ、よい結果は生まれない。第1章の戦術、戦技、志気等の要件を思い併せながら、戦略実現のための要件として7Sを考えていきたいと思う。

◉ハード3S

ドイツの社会学者テンニエスは、名著『ゲマインシャフトとゲゼルシャフト』（一八八七）の中で、産業革命以降の近代社会においては、血縁、地縁、精神（宗教など）の同一に基づく自然発生的、有機的、持続的なゲマインシャフト（共同社会）に対して、人為的、機械的、一時的な結合であるゲゼルシャフト（機能社会あるいは利益社会）が優位に立ち、そこでは権力、契約、承認、ルール等のメカニズムが、自然発生的な愛情などの動機に優先するという意味のことを述べている。

我々は、戦略と組織を論じるとき、無意識のうちにこのゲゼルシャフトを前提として、議論を進めがちである。ゲゼルシャフトは、特定の目的のために人為的に構成された人の集団である。そこには、何を、どのように実行するかの基本目的と戦略（Strategy）があり、その戦略を実施するために必要な組織（Structure）が構成される。そして組織を運営するために必要な運営制度（System）――例えば稟議などの意思決定や伝達のルール、評価制度、予算制度など――が作られる。

この三つは、意思と力があれば揃えることができるもので、「ハード3S」と呼ばれる。

形式的には、このハード3Sを備えれば、あとは資金と人を手当てするだけで戦略実施の準備ができたと考えるのが普通である。例えば、「新規事業については、人は何人、投資は△△億円を予定。社内ベンチャー制度を採用して、将来は独立採算だが当初四年間の赤字はすべて本社で吸収する」の類である。本部としては、新規事業参入のために必要なお膳立てはしたつもりであろうが、実はこれでは不十分である。

4−8　組織の7S

7つのSは相互に関連し、互いに影響しながら全体として
組織の機能の良し悪し、性格を決定する。

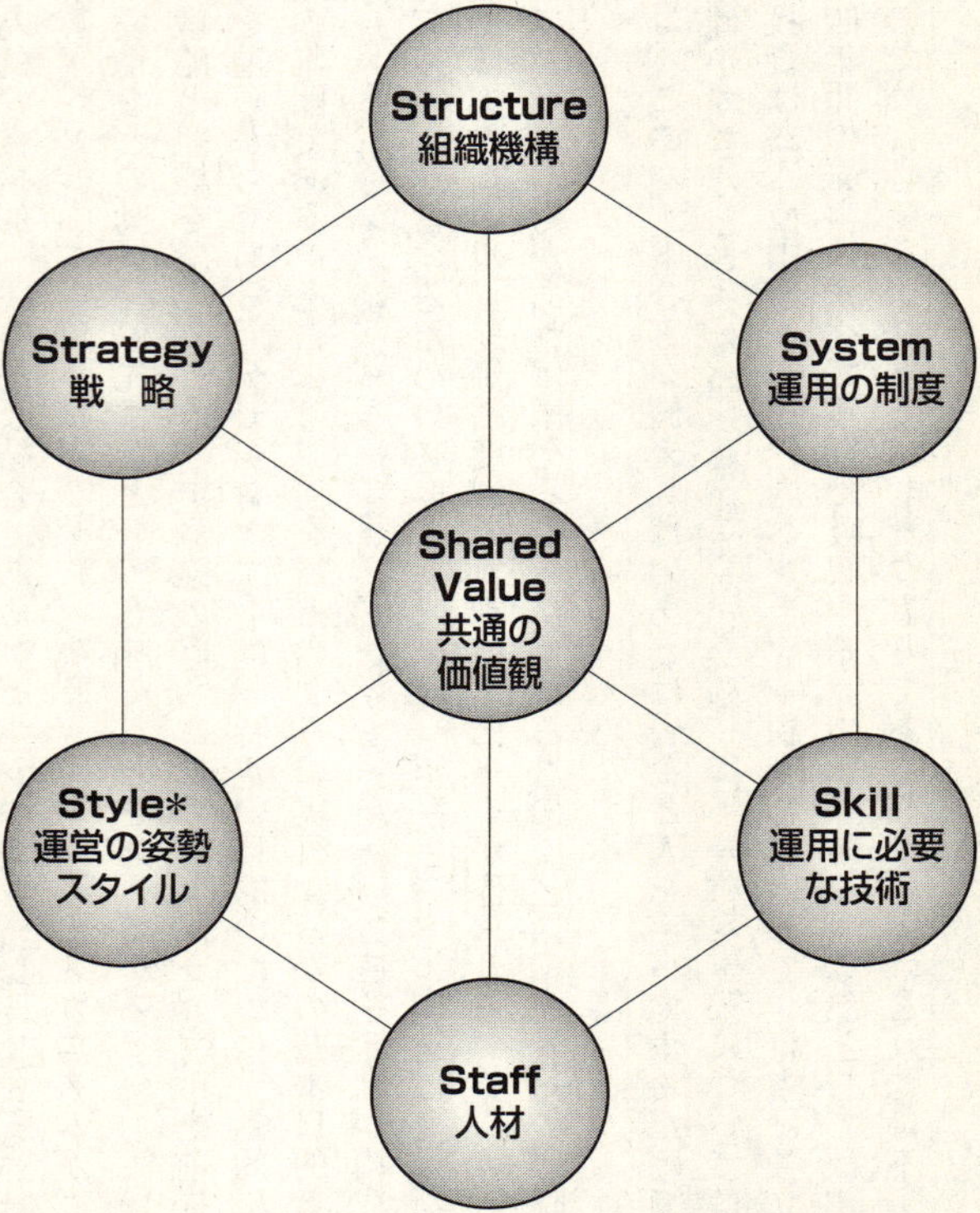

*意思決定・コミュニケーションスタイル、個人と組織・組織相互の関係など

◉ソフト4S

例えば、街のある楽器店が、現在の顧客と商品である楽器をベースに、「子供音楽教室」と「ロックバンド」の二つの事業多角化を考えたとしよう。事業計画書、資金と部屋、宣伝用チラシ、そして担当者を揃えただけで準備ができたと言えようか。否である。子供音楽教室とロックバンドでは、成功の要件がまるで違うのである。だから、子供音楽教室で成功した人は、おそらくロックバンドのような多角化では成功しないはずである。

なぜか。子供音楽教室は、何より子供が行きたがり、母親が信頼するような雰囲気を備えていなければならない。そのＫＦＳは、ソフト４Ｓにかかっている。

- 何よりも「音楽を通じた子供の教育」が最終目的であり、関係者がそのことに価値を感じ、情熱を持っていなければならない（Shared Value）
- 幼児・児童の教育と音楽の基礎についての技術とともに、母親に接し、説得する技術が必要である（Skill）
- コミュニケーション・スタイル、服装、その他事業を進めていく全般のスタイルが、子供に好かれ、母親に信頼されるものでなくてはならない（Style）
- スタッフは、上の三つのＳに生きがいを感じ、労を惜しまぬ情熱を持っているこ

とが必要である（Staff）

これに対してロックバンドの場合は、成功への鍵となるソフト4Sは、子供音楽教室と全く異質のものである。例えばステージやコンサートをオルガナイズする技術、ロックの好きな若者とくだけたコミュニケーションをとるための服装・雰囲気、ロックに酔い、盛り上がりを楽しむ価値観を持つスタッフが必要である。同じ楽器店の顧客を対象としているのに、この両者のソフト4Sは、むしろ対照的ですらある。

ハード3Sだけでは、事業のお膳立てができたと言えないのは、そのためである。

ところで、このソフト4Sは、必ずしも意図して作られるものではなく、与えられた環境に合わせて、すでに現有の事業と組織の中に定着している場合が多い。したがって、新しい事業を始めようとか、新しい環境に合わせて新たなる基本的方向づけのものとに、新しい戦略を展開しようという場合には、従来の環境に適合し、定着していた七つのSを根本的に見直して、新しいバランスに作り替えていく必要がある。

そのための工夫は、新たな目標・戦略と現状とのギャップにより、ケース・バイ・ケースであるが、いずれにしても、ハード3Sだけでなく、現状のソフト4S

4-9　ハード3Sとソフト4S

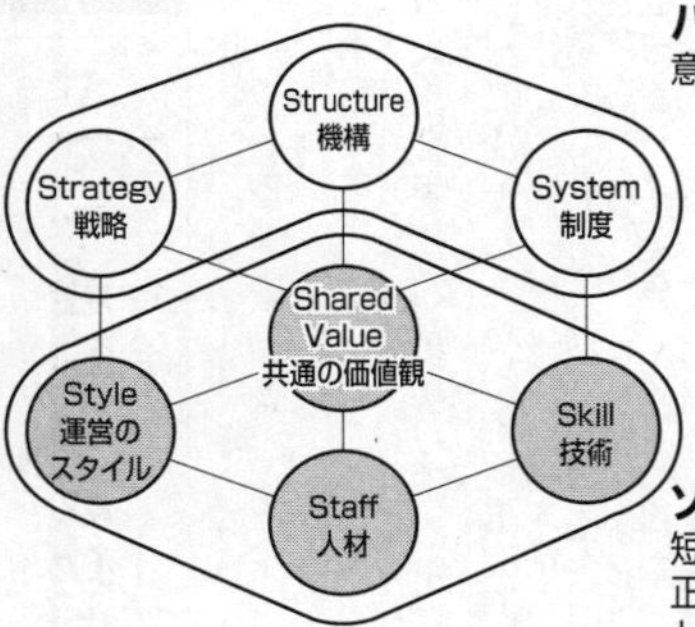
ハード3S
意思と力で決定が可能
ソフト4S
短期間で力による変更は難しい。
正しい方向づけと、注意深いケア
と運営が必要

から新しい4Sへと移行していくための、メリハリのきいた打ち手が必要である。

7Sの各要件が有効に機能し、成功した事例として、ヤマト運輸のケースを参考に考えてみたい。なお、このケースは、各種経済誌の同社に関する記事のほか、一九八四年、筆者がマッキンゼー社プリンシパルであった頃、物流概念のまとめのために行った小倉昌男社長（当時）への直接インタビューから作成したものである。

ケース

ヤマト運輸の成功例に見る7S

現状認識

組織の大きな変革の原動力は、組織の究極の目的とそれに見合った戦略方向を定義することに始まる（たとえ外圧による余儀ない変革であれ、組織の変革には、目標と戦略の見直し、認識が原動力となる）ことをまず認識していただきたい。ヤマト運輸の大変革が、その好例である。

ヤマト運輸が宅配便を始めた昭和五一年頃は、宅配業務は郵便小包と国鉄小荷物が主であった。ヤマト運輸は戦前からの老舗であったが、福山通運などの路線便にやや乗り遅れ、大手デパートの顧客への配送と、大手電機メーカーの製品の全国拠点への配送など、少数特定の大口顧客の配達を中心に事業を展開していた。

変革のきっかけは、一つには売上の大半を占める取引先である大手デパートの事業が赤字の上、さらに値下げサービスを要求されたことにあった。

小倉昌男社長（当時）は、従属的である限り事業が成り立たないという危機感を持った。その背景には、小倉氏自身が抱いていた宅配便の市場を実現したいという夢があった。氏は、アメリカ市場（UPS）の視察や国内の市場調査から、宅配という事業は、一定水準の数量と需要密度を確保すれば急激に集荷・配送の効率が上がり、郵便と同価格かそれ以下で、しかもサービスの優れた事業が可能であることを確信し、乾坤一擲《けんこんいってき》、新しい事業に乗り出すことを決意した。

戦略とハード3S

宅配事業進出を決意した氏が最初に打った施策は、まず事業の核であった大手デパートとの取り引きを打ち切ることであった。背水の陣である。その上で、新事業の拠点として米穀商、酒店などとの集荷ネットワークを構築するとともに、従来の運送業では考えられなかったメディアを通じた宣伝などによるマス・マーケティングを展開した。運輸省（当時）と掛け合い、新聞を通じた一般消費者へのPRなどを援用して、従来一〇キログラム以下は同額であった小荷物に、新たに二キログラム以下についてより安い価格を設定することに成功し、需要を喚起した。これまでの事業とはかけ離れた戦略上の飛躍である。

戦略が変われば仕事のやり方も変わるのが当然である。事業の組織機構も変われば内部の意思決定、伝達の制度も変わる。特に宅配事業には、個別の荷物管理のためのコンピュータ・システムが不可欠であるが、それについては昭和四八年に別会社、ヤマト・システム開発を設立して研究を進めるという周到な打ち手が準備された。

スタッフとスキル

ところで新事業を決意し、戦略上の諸元を考え、整えるのは経営陣の役割だが、それを実施し成果を上げていくのは、全社員の仕事である。戦略が変われば組織機構・システムばかりでなく、ソフト4Sもまた新しい戦略に合致したものにならなければ事業は成功しない。その意味で、運送業の中核である運転士の役割と、要求されるスキルは大きく変わらなければならない。

大口顧客を中心とした営業の場合は、運転士は配送の役割を果たしていればよく、営業活動は営業マンによって行われる。しかし小口集荷、小口配送を中心とする宅配便では、配達員はセールス・ドライバーである。ヤマト運輸の場合、デパートの配送の経験から、すでに住所録から顧客の家を割り出すスキルを身につけていた人が相当いたことは幸いであった。しかし、営業マンとしての愛想のよい対応、受け取った荷物へのラベルの貼り付けやコンピュータへのデータのインプットなどは、全く新しい経験である。小型トラックで路地を走っては荷物を届け、少し走っ

4–10　ヤマト運輸の7S

事　業	宅配以前の運輸事業	宅配事業
Strategy 戦　略	主要顧客に依存した競合上の優位 シェア確保・拡大	宅配新事業の急速展開、数量と需要密度拡大のための市場創造、ネットワークの展開
Structure 機　構	顧客と運送の形態による事業分野別管理	全社一丸、新事業展開のための機能別・地域別収集組織＋ヤマト・システム開発
System 制　度	顧客の事業サイクルに合わせた予算制度 現業遂行のための評価制度	小口戸別集荷・配送のための管理システム 取次店ネットワークの展開・管理のためのシステム
Skill 技　能	主要顧客のニーズに合わせた迅速な配送とコスト低減	セールス・ドライバー、取次店開拓システム・インプット、広告など市場訴求
Staff 要　員	事業部門別配置 配達業務	既存の事業と決別し、新事業展開のための新しい挑戦を覚悟した
Style 姿勢・スタイル	正確な日常業務の遂行 維持・管理中心のコミュニケーション	社長から社内各層（労組も含む）へのコミュニケーションづくりの工夫、管理よりも創造・工夫への協力
Shared Value 共通の価値観	事業の永続 シェア拡大	新事業の創造・開拓 小倉社長のビジョンの全員による共有

注1）ヤマト運輸は同じ運送業でも、宅配便創造のための7Sは、これまでの7Sとは対照的である。

注2）「ヤマト運輸成功例に見る7S」の節は、各種の経営誌などに掲載・引用されている記事のほか、1984年に、マッキンゼー社で物流概念のまとめのためのインタビューで著者が直接、小倉社長からお聞きした事項から作成したものである。

ては止まり、また走るという小口の集荷・配達。しかもラベルの内容に気を配りつつ正確なインプットと確認作業の繰り返し……。大型トラックに乗り、長年にわたって長距離、大型商品、一定のルート配達に慣れていた運転士にとっては、いい知れぬ苦労があったはずだ。人はみな、長年なじんできた仕事のスタイルからは離れにくいものであるが、スタッフ全員がそのスキルを身につけ、それらを自らの職務と自覚して喜びを見出さなければ、宅配事業は成り立たないのである。

価値観の共有とコミュニケーション・スタイル

この新しい事業を遂行するためのスキルの獲得・育成・全従業員への浸透は、新しい事業目標と価値観とを社長以下全員が共有化することなしにはほとんど不可能である。

氏は、この点でも常人では成立し得ないすばらしい決断と行動力を示された。当時、ヤマト運輸の収入の源泉であった大手電機メーカーの冷蔵庫の全国配送（中央倉庫から、全国の電器店への配送）の仕事を切り捨ててしまった。

大口顧客の仕事を続けると、どうしてもそのような大手荷主を重視する風潮が起こり、そこへのサービスが優先される。のみならず、そのような大手サービスの体制は、小口集配の基本的な事業のスタイルや仕事のスキルに相反する。新しい価値観を共有化し、全員一丸となって新しい仕事のスキルを生み出し、身につけていくためには、たとえ安定収益源といえども切り捨てなければならない。

赤字のうえに、さらなるサービスを強要されるデパート業務の切り捨ては理解できる。しかし、運送業者としての長年のつきあいもあり、安定した収益の得られる大手メーカーの仕事を、自ら断つ決断を誰が成し得ようか。今日のクロネコヤマト成功の陰にある、氏の鮮やかな決断力と、価値観の共有、事業固有のスタイルを重視する洞察力に、ただ敬服するほかはない。

価値観共有のための努力・工夫は、それだけにとどまらない。小倉社長は宅配便事業に会社の生きる道を見出し、徹底して追求することを、会社の幹部社員のみならず労働組合と繰り返して話し合い、納得させる努力を惜しまなかった。数百人が従事していたデパートや大手荷主の配送事業をカットすることなど、組合の協力なしにできることではない。

氏が進めた、社内各部への直接対話と説得を進めるダイレクト・コミュニケーションのスタイルが、新しい事業を進める上で必要なソフト4Sの形成にきわめて大きな力を持ったことは、容易に理解できる。

この事例を見ると、氏のリーダーシップの非常に大きな部分が、ソフト4Sの形成に費やされていることがわかる。大手鉄鋼メーカーなどが、小回りを要するレジヤーランドなどのサービス事業に進出してもなかなか成功しない原因の一つは、このソフト4Sの整備についての着実なプログラムが立てられないことにあると思われる。

◉マネジメント・ツールとしての7S

人と組織は、資金とともに事業を進めていく上でのトップの最大の関心事である。そのうち経理・資金はどちらかといえば即物的で目に見えるため計画が立てやすく、一定のルールになじみやすい（したがって、分析・判断がある程度まとまりやすい）。それに対して、組織・人事にはこれといった決定的なルールがなく、それだけに経営者の関心と悩みは深いようだ。

わが国の組織は今や一つの転換期を迎えている。新しい国際環境、経済社会環境の中で、これまで経済成長の下で終身雇用や業界協調を前提としてきた7Sのバランスを、低成長と多様化を一般的な傾向とし、高齢化する人口ピラミッドを抱えた時代の新しい7Sのバランスへと転換していかなければならないときを迎えている。

だがその転換が、受け身でなし崩し的に行われた場合には、従来の7Sの慣性が大きい。特に力をもってマネージしにくいソフト4Sの問題が、いつまでも尾を引くことになりかねない。

先のヤマト運輸の例に見るように、ストラテジー・ストラクチャー・システムという、デザイン可能なハード3Sのみならず、ソフト4Sについてもマネジメントが積極的に先手を打って、しかるべき手段と努力を傾けることが、新しい環境に適した活力のある組織を生み出す要件である。

新しい7Sをデザインするためのプログラムはケース・バイ・ケースであり、具体的な手法・考え方について細かく論じる紙幅はない。しかし、表面的にサラッと流すのでは不十分で、事業メッシュのとらえ方や工夫を要する、ということを指摘しておきたい。私は、組織のスタディーでは必ずといってよいほど実際に用いているが、いろいろ試行して、現実的な打ち手につながるような勘どころをおさえた工夫が必要であろう。これについては、次章リーダーシップの節で述べる「変革のための要件」が参考になると思う。

付論　組織論の系譜を考える

戦略とともに、経営の中核をなす組織論は、過去さまざまな形で紹介されてきたが、今ひとつ体系化がなされず、全体像がわかりにくい。私はそれを組織機構論、成員動機づけ理論、効率向上論の三つの系譜に分けて考えている。

本節は、戦略実施のための組織論とは直接関係ないが、組織を考える上で重要な要素を含んでいるので付記した。内容は要約版であり、本論の戦略遂行とは直接かかわりはないので、戸惑う読者は飛ばして先のリーダーシップ論に進まれることをお勧めする。

過去ブームとなった経営手法を見ると、その多くは広い意味での組織論であり、それだけ経営者の関心が高いことがわかる。

目標管理、事業部制、CI、SIS（ストラテジック・インフォメーション・システム）、リエンジニアリングのような手法の紹介・解説であれ、あるいは『ジャパンアズナンバーワン』（エズラ・F・ヴォーゲル他著）や『エクセレント・カンパニー』のような経営のあり方を述べた書籍であれ、広い意味ではみな、経営の風土や人の行動、動機づけなどの、経営における組織運営の秘密を探ろうとしているものが多いように思われる。

組織論ほど多数の理論が唱えられた経営分野はない。同時に、組織論ほど体系化が遅れており、全体像が正しく理解されにくい分野もないのではないか。

ここでは、コンサルタントとしての実務の立場から、私の考える「組織論」の全体像を総括してみたい。

一五五ページの図を見ていただきたい。組織論には、大別して三つの系譜がある。組織機構論、成員動機づけ理論、効率向上論の三つである。その上に最近、それらの三系列を踏まえて、組織の総合的な最適化を志向する新しい立場が現れた。

先に説明した7Sとビジネス・システムは、この組織論の統合・最適運営を取り扱うものであると私は考えている。

◉組織機構論の系譜

個人が単独では達成できない仕事を多数の人間の協働により効率よく達成するための管理機構の発想は、古代からある。まず、スパン・オブ・コントロール。エジプト人は、作業の際に一人の監督者が監督できる奴隷の数を一〇人とした。この「管理の幅」は訓練の程度や、仕事の内容などによって異なるが、考え方は現在も厳然として存在する。

次に、階層的権限機構。管理の幅がある以上、上位者が下位の職位に命令する、ピラミッド型の階層的権限体系発生は必然的である。

このようにして組織がある規模に達すると、個人の得意を活かして専門機能を発達させ、全体としての効率を高めようという職務別専門分化の考え方が発生する。わが国古代の氏姓制度の下でさえ、卜部《うらべ》、錦織部《にしごりべ》、語部《かたりべ》などの部曲《かきべ》が存在し、代々専門職をもって奉仕した。

そして、これらの三要素を駆使して完成した、自然発生的なゲマインシャフトとは異質の大帝国が、ローマ帝国と始皇帝の秦であった。

つまり、人類は巨大組織を機能させる原型を、すでに紀元前に発明・運用していたわけである。わが国に隋・唐から導入された律令制度も、中央の二官八省、地方の国、郡、里の制度など、上記の三要素を十分に備えている。

ところが、この古代国家組織は、荘園制度、封建制度の下で、ゲマインシャフトに回帰していく。封建制下では、土地を守るという同一目的の下に、全員が等質の行動をとる、自然発生的共同体が主役となる。

4−11　組織論の系譜（私見）

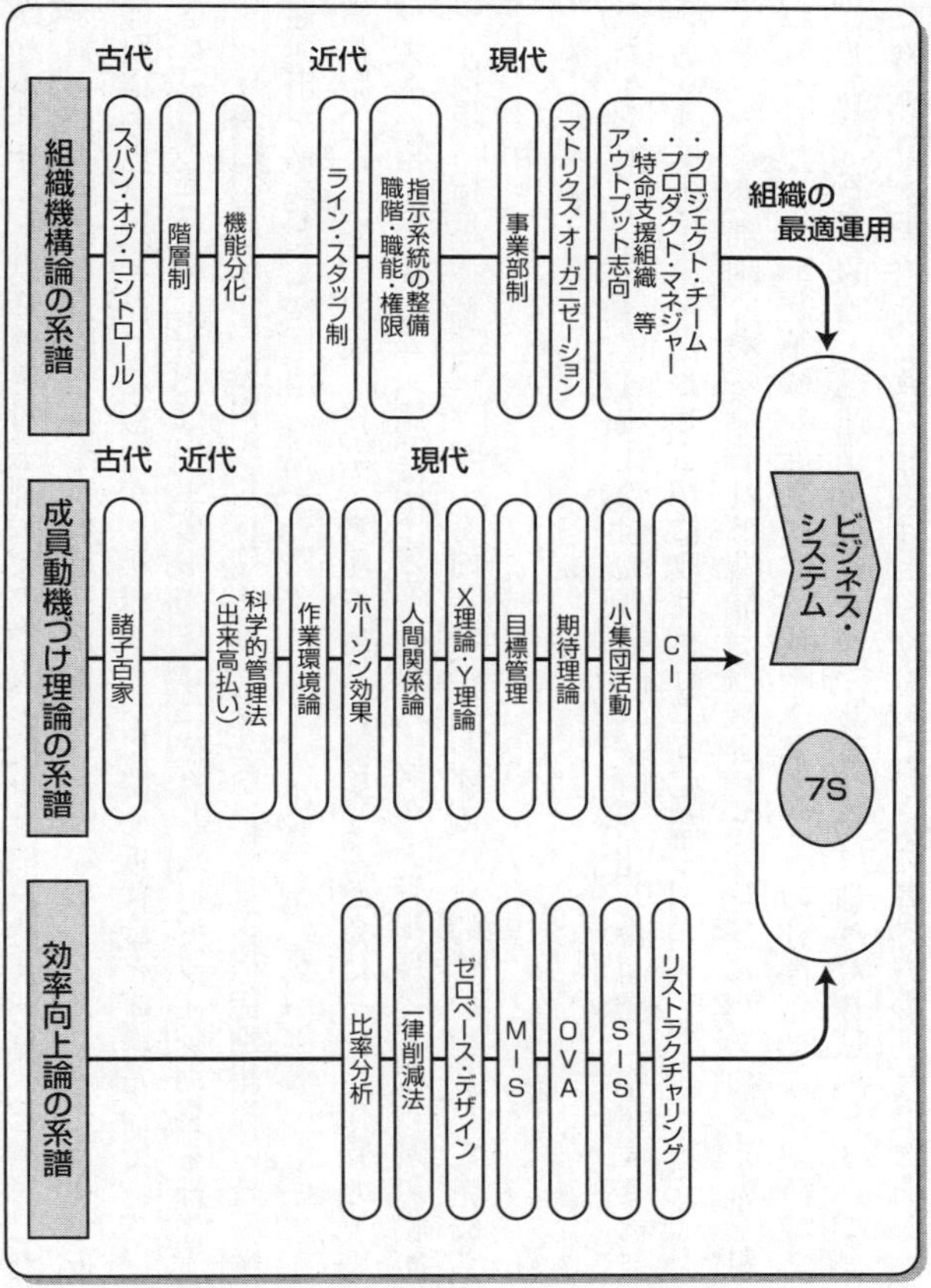
古代
近代
現代
組織機構論の系譜
スパン・オブ・コントロール
階層制
機能分化
ライン・スタッフ制
指示系統の整備
職階・職能・権限
事業部制
マトリクス・オーガニゼーション
・プロジェクト・チーム
・プロダクト・マネジャー
・特命支援組織
アウトプット志向　等
組織の
最適運用
古代
近代
現代
成員動機づけ理論の系譜
諸子百家
科学的管理法
（出来高払い）
作業環境論
ホーソン効果
人間関係論
X理論・Y理論
目標管理
期待理論
小集団活動
CI
ビジネス・
システム
7S
効率向上論の系譜
比率分析
一律削減法
ゼロベース・デザイン
MIS
OVA
SIS
リストラクチャリング

しかしルネサンス以降の絶対王制国家の拡大・抗争は、自然共同体へと回帰した組織を、再び人為的な意図を持つ官僚型行政機構へと呼びもどした。そのうえで近代機能組織の出発点となったものが、ナポレオン以降の近代戦と産業革命である。モルトケ（一八五ページ参照）は、軍事上の天才に依存しないでラインの長を補佐するスタッフ機構（参謀団）を編成し、砲・工・歩・騎、輜重《しちょう》の機能別組織の統一的な最適運用を可能とした。

産業革命によって、土地・資本・労働を最適に活用するために、分業体制の工場経営システムが誕生した。これは後にテーラー、フェイヨルらによる職階・職能（専門）、権限、指示系統を統一的に整備した、いわゆる古典的管理論として完成される。

＊＊＊

このような流れを受けて、現代の組織機構論は、巨大化した組織の輻輳《ふくそう》する機能を、いかに効果的に組み合わせるかに取り組むようになる。

まず第一が事業部制である。これは機能別組織分化と、管理スパンの考え方を組み合わせたもので、事業領域の拡大に伴い戦略事業単位への分権化により、領域を縮小して意思決定の的確・迅速化を狙うものである。先に挙げたBU・SBUなども、戦略論と事業単位を一致させようというもので、この考え方の延長上にある。

第二の形態はマトリクス組織である。これは職能別組織の利点（規模の追求と専門知識の集約）と事業部制の利点（市場・競争環境への適合と意思決定の迅速化）を組み合わせ、かつ情報の流れを重視した組織設計思想である。通常、職能と製品事業とを組み合わせた二次元マトリクスであるが、これに地域を加えた三次元マトリクスの例もある。理論的には、官僚化の弊害を排し、創造的かつ効率的な組織行動が可能だが、巧緻にすぎて、運用が難しい。

これに対して、機能別、あるいは事業部別組織を前提としつつ特定のニーズに着目して、機動的アウトプットを志向する第三のアプローチがある。プロジェクト・チーム、プロダクト・マネジャーおよび特命支援組織がそれである。

プロジェクト・チームは、特定目的達成のために、別組織に属する要員を一定期間チームとして水平的に集約し、目的を達したら解散するもの。プロダクト・マネジャーは特定の製品やブランドに関し、マーケティング機能を中心に開発から製造・販売に至るライフサイクル全体の最適化を図るものである。特命支援組織は、ロードマン制度のように特定のアウトプットの責務を負って派遣されるスタッフである。第一義的にはラインに対する奉仕・支援をしつつも中央組織に帰属し、水平的な情報交換を行いつつ、会社目的に応じて運用されるべきものだ。

以上の道具立てがそろえば、どのような機構も設計が可能であろう。だが、実際の組織は人が動かしている。人をいかに動機づけ、組織目標を達成するかが次の課題となる。

◉成員動機づけ理論の系譜

機能組織に帰属する個人の目的は、組織のそれと必ずしも一致していない。その個人をいかに組織に取り込み、能力を発揮させることができるかが、動機づけの議論である。

孫子に「上下欲を同じくするものは勝つ」（君主も将も兵も立場を超えて同じ欲求を持っているものは勝つ）という言葉があるが、孫子は、戦争の意義や戦法と同じくらい、人間心理の理解・運用と、そのための将帥論に重きをおいている。古代から、動機づけが重視されていたわけである。

これに対して、近代の組織機構論に対する成員動機づけの理論は、テーラーに始まる。彼は、能率を高めるために、作業要素別の標準時間を測定し、出来高払い制度に基づく生産管理方式により、いわゆる「科学的管理法」を確立した。

テーラー以降の集団成員の動機づけと人間行動研究は、社会学者と心理学者によってなされたが、中でも「ホーソン工場の実験」は有名である。

この実験は、継電器組み立ての女子労働者を対象に、集団奨励給の適用、照明・

室温などの作業環境の改善、休憩時間の導入など、次々と好条件を与え、作業効率との関係を計測したものである。その結果は、条件を改善する度に生産性がどんどん向上したが、最後に、すべての条件を元に戻しても、向上した生産性は変わらなかった。このことから、当事者のモラールの重要性（ホーソン効果）が新たに認識されたのであった。

職場における生産性が、人間工学による職務設計と経済的動機という単純な経済人の原則を超え、作業環境論や、モラールの領域にまで立ち入ったのである。これは、後に人間関係論へと発展し、インフォーマル・オーガニゼーションの存在などへの注意が喚起された。

こうした考え方は、やがて心理学者のマクレガーにより、X理論とY理論として体系づけられる。X理論は人間を行動工学と経済動機でとらえ、職務設計、賃金、作業環境、福利厚生などで動機づけを考える立場である。それに対し、Y理論は人間的側面を重視し、高次元の人間の欲求を満足させることを重視する。マズローの欲求階層説は、その典型である。

今日、アメリカのビジネス・スクールには必ず、「組織における人間行動」のコースがあり、いかに人間を動機づけ、操作するか、いかに振る舞うべきかを教えている。日本では本を読んで研究する人はあっても、学校でも会社でも、気恥ずかしくてまともに教えることは少ない。日米のビジネスに対する姿勢の違いである。

さて、このような動機づけの理論は、プロセスとしての目標管理や、努力成果に対する報酬への期待理論となって、現在に至っている。期待理論は、特に管理者に対する事態認知の的確さと、自主性および意欲的な目標設定の重要性を認識させ、内面的報酬を大きくして自立と多様性が与えられるようにデザインすることができる点で、有意義である。

さらに、小集団活動とCIとをこの系譜に付け加えておきたい。

周知のとおり、QC活動に代表される「小集団活動」は、職場集団を見直して、業務の改善とモラールの高揚とを図るものである。

またCIは全社員が参加して会社のアイデンティティーを再認識・創設しながら、自己の目標と社会的満足への道程を自律的に自覚させるものである。流行としてではなく、効果的に運用したいものである。

ところで、近年、経営者への報酬の払い方（エグゼキュティブ・コンペンセーション）が重視されるようになった。創業経営者ならば自らの内的動機づけに基づいて事業を運営するのであるから動機づけの問題は少ないであろうが、雇われて経営を付託される立場の経営者は、何を目標とし、どう評価されるかが、動機づけの鍵となるからである。

◉効率向上論の系譜

専門性と機能分化を前提とする組織は、時間の経過に伴い、必ず非効率の問題に直面する。組織が本来の目的を離れて、自己目的化すること、情報が滞留すること、そして細分化した機能別組織がゲマインシャフト化し、存続、縄張り拡大の自己主張を始めることなどが、その原因である。組織の効率向上論は、こうした背景の下に生まれる。

まず、比率分析。直接付加価値を生まない間接部門の比率が相対的に高すぎないかを検討する。本来、間接比率が最適か否かは間接部門の効用を分析しなければわからない。したがって、直間比自体にマジックがあるわけではないが、一つの目安にはなるであろう。

次に、一律削減法。機能別の多寡は問わず、同一目標を定めて、各部門の人員を削減する手法で、乱暴だが有効でもある。

さらにゼロベース・デザインは、現状をすべて忘れてゼロから組織を設計するもの。過去からの慣性を一切排除し、組織を最適設計する視点である。

これらに対し、OVA（Overhead Value Analysis ＝間接業務価値分析。全ての間接業務をアウトプットの内容別に時間・コストに換算した上で、あるべき業務内容を再設計する手法）は、間接業務をアウトプットの内容から評価して人員削減、資源再配分を実施しようというものである。まず、業務分析を行ってすべての間接部門のアウトプット（多くは情報）を明記する。次に、そうした情報フローの連環表と時間分析などを重ね合わせて、それぞれ情報の金額を表示し、それを受益者（組織）が、その値段と情報の価値とを比較して、高ければ廃止またはコスト削減の要求を出す、という手順である。

ところで組織とは、情報を認知し、意思決定し、指示し、外部に働きかける一種の情報処理システムと考えることができる。組織の機能上の非効率は、多くはこの情報処理のスピードと内容の妥当性に関係するものである。

この情報処理機構としての組織の働きは、コンピュータの導入により飛躍的に高度化・高速化した。ＭＩＳ（Management Information System）、ＳＩＳ（Strategic Information System）はコンピュータ運用の立場を中心に据えて、的確な情報を、人手をかけないで、いかに速く受益者に伝達するかを主眼に、情報処理の経済性、高度化を図るものである。

よく、情報が多すぎて使いこなせない、という話を聞くが、使わない情報は、その組織の現状では不要な情報である。コンピュータの活用は、巨大組織の病理である情報の滞留と過剰な要員の整理を進める、組織効率化の主流として、位置づけられなければならない。

ところでバブル崩壊と共に、盛んに叫ばれているリストラクチャリングは、思い切った組織のスリム化を図るために、組織の構造改革・離合集散を含めたダイナミックな施策を考えるものだが、組織の枠をむやみに破壊すると、多くは成員のビヘイビア（行動様式）や動機づけの問題を生ずることに注意を要する。

以上のことから、これまでの機構論、動機づけ理論、効率論はいずれも単独では解決しきれない問題があることを理解してほしい。

＊　＊　＊

冒頭に述べたように、7Sとビジネス・システムはこれからの組織論三系譜を超えて「組織の最適運用」を目指すものであることを読者には認識していただきたい。この二者については、本文で詳しく説明したとおりである。

5

リーダーシップを考える

POINT *1*　リーダーシップとは何か

POINT *2*　リーダーシップの型を考える

POINT *3*　変革のメカニズムを考える

POINT *4*　変革の態様、リーダーシップのあり方を考える

POINT 1

リーダーシップとは何か

戦略とそれを実現するための組織の要件を検討したら、次はその組織を指導し、目的を達成するためのリーダーシップが課題となる。リーダーシップの機能・役割は、7Sの枠組みによってある程度理解できるが、その果たすべき役割は組織の発展段階によって違ってくる。

戦後六〇年、わが国の組織は成熟期にあり、リーダーシップにとって、組織自体の「変革」が重要な課題となった。

◉組織の目標とリーダーシップ

城山三郎の『男子の本懐』という小説がある。昭和初期の世界恐慌のさ中に、緊縮財政・金解禁・産業合理化・協調外交（ロンドン海軍軍縮条約）などを信念を持って推進し、東京駅頭で凶弾に倒れた浜口雄幸《おさち》首相の物語である。

その施策が正しかったかどうかはひとまずおくとして、印象に残るのは、同首相の清廉さのみならず、「日本はかくあるべし」という信念と目標に貫かれた生き方で

5−1 「平成の首相たち」

浜口雄幸・緊縮財政、金解禁・産業合理化・
・協調外交（ロンドン海軍軍縮条約）

宇野 宗佑《そうすけ》	H1・6月
海部《かいふ》 俊樹	H1・8月
宮澤 喜一	H3・11月
細川 護熙《もりひろ》	H5・8月
羽田《はた》 孜《つとむ》	H6・4月
村山 富市	H6・6月
橋本 龍太郎	H8・1月
小渕 恵三	H10・7月
森 喜朗《よしろう》	H12・4月
小泉 純一郎	H13・4月

この首相たちは、国民に対し何を実現しようとしたのだろうか

ある。何をしたいか、何をしなければならないか、が明瞭であるからこそ、強い使命感も生まれるのであろう。

　最近の政治の様相をこれに比してみると、その差ははっきりする。近頃の何代かの首相や大臣方を見ると、本当は「何が目標で、何を実現したいから首相・大臣になったのか」がはっきりしない。あえていえば、政権の座に座ること、あるいは現在の組織体制を維持・防衛することであろうか。だが、機能組織（ゲゼルシャフト）は目標を実現するために構成されたものであり、「組織自体を維持することが目標」では、機能組織の存在理由そのものが自己矛盾に陥る（注：自然発生型のゲマインシャフトはこの限りではない）。

政権政党である自民党の過去の総裁選の事態を見ても、そこには「党の存在目的は何か、国民に対して何を実現したいのか」の指導理念が見つけにくい。いずれの総裁選も「主義主張のため」より、次の総選挙に勝つために、「誰が総裁になった方が有利か」、組織票をカウントできる「公明党と手を組んでいくための妥協点をどう探るか」が主たる関心事となっている。そもそも、「国際社会の状況、内外の経済の見通しや国民の生活・人口動態を正しく見据えて、国家の将来を考える」という政治の本来の目的に適う本質的な議論が欠如して、その場主義の「人気投票」が選挙の目的となってしまった感がある。

野党の離合集散劇にしても同様で、「国民のために何を目標にし、何を実現したいから」党を結成するというのではなく、「このままでは党として成立しなくなるから、目先の転身を図る」ということ自体が目的のように思われる。しかも、国民はそれに気づきながら、そのような「目標不在」に不感症になっている。そこに現在の政治体制・組織の困難な課題がある。

産業の世界は政治の世界と違い、経済原則で動いているために、毎月毎期、成果が数字で示される。そのために第一義的なシェア・収益などの目標に事欠くことは少ないが、それでもそのために何をするか（戦略目標）、現実的かつ長期的目標は何かについては、かつての成長期のように明確ではない。

日本の政治経済環境が組織の大きな転換に迫りつつあるときに、まさに組織の存立基盤である「目標」が希薄化する現象がここにある。

実は、組織の7Sのうち七つ目のSは、当初はShared Value（共通の価値観）といわず、ゲゼルシャフト）Superordinate Goal（究極の目的）という言葉が使われていた。機能組織（ゲゼルシャフト）である以上、組織が実現したい目標があり、そのために構成員が価値観を共有して活動することによって、はじめて活性が保たれ成果が上がるからである。

先に、ヤマト運輸の宅配事業進出における小倉社長のリーダーシップを説明したが、この例に見るように、組織環境の変遷期にあたり、組織の新しい目標を明確な形で見出し、共有化することが組織活力の源泉であり、リーダーシップの第一義的な役割であることは、何人《なんぴと》も疑いを容れないことと思う。

◉7Sとリーダーシップ

リーダーシップの役割とは何であろうか。人はよくリーダーシップが強い・弱いというような表現をするが、そのリーダーシップが果たすべき役割や、リーダーシップのあり方（型）についてはあまり考えずに、ただ強さのみを云々するきらいがある。ここでは、リーダーシップの役割についてまず考えてみたい。

リーダーシップとは、辞書を引くと「指導力・統率力、またその資質」となっているが、組織の視点から考えると、人の集団を導いて「7Sの要件を備えさせる能力」ということになるのではないか。

そのように考えればリーダーシップの役割は、

(1)組織の目標を定め、それを実現するための戦略を構築する
(2)戦略を実現するための組織機構や運営の制度を定める
(3)組織を運営し、戦略を実施するために人材を集め必要なスキルを養成・指導する
(4)共有の価値観を分かち合うための組織の求心力を高め、組織の効率よい運営に資するような仕事遂行のスタイル（組織のカルチャー）を育成する

ということである。

このリーダーシップが果たすべき主要な機能・役割は、組織の発展段階によって変わってくる。

組織の創業時には、ビジョンづくりとそれに基づく戦略の構築が主要な機能となるであろうし、組織の発展期には、組織の拡大に伴って人集めと組織機構や運営制度の整備が必要となってくる。さらに組織の成熟期になると、7Sのバランスのとれた組織全体としての運営が重要になると同時に、組織の創成・成長期にはあまり問題にならなかった、組織の老化によって生じる非効率の「改善」や、環境の変化

5-2 7Sとリーダーシップの役割

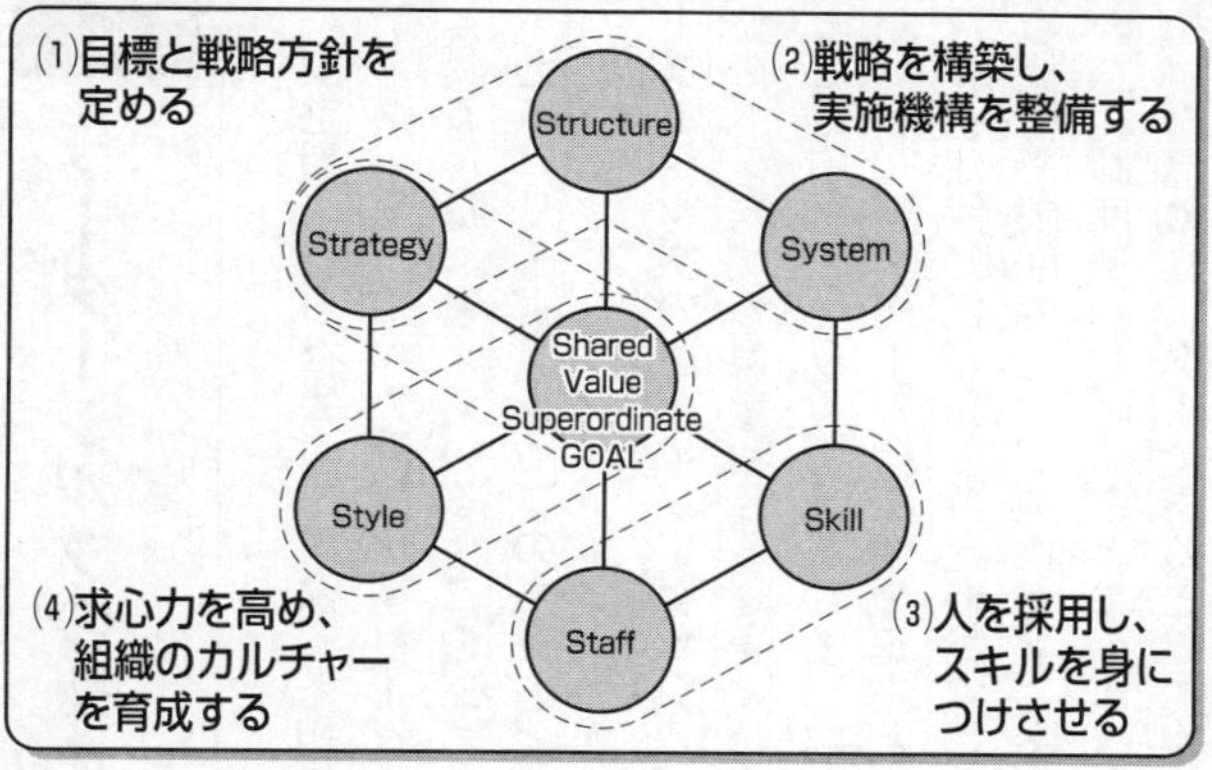

(1)目標と戦略方針を定める
(2)戦略を構築し、実施機構を整備する
(3)人を採用し、スキルを身につけさせる
(4)求心力を高め、組織のカルチャーを育成する
Structure
Strategy
System
Shared Value
Superordinate GOAL
Style
Skill
Staff

を正しく感知し、それに合わせて組織の7S全体を「変革」する機能が必要となってくるはずである。

わが国の組織は、おおむねこの成熟期に達している。成熟した組織は、市場環境、経済・社会環境、人材資源環境の変化に対応しきれずに衰退を始めるか、ブレークスルーを見つけて変身し、さらに新しい発展を続けるかの岐路に立たされていると考えることができる。

その岐路にあって、組織の進むべき新しい方向を見定め、新たな発展のための戦略を構築し、それを実施するための組織の諸要素を整備し変革するリーダーシップはどうあるべきか。そこにはどのような課題があるか。次節では、リーダーシップの型の問題を検討する。

POINT 2

リーダーシップの型を考える

――制度型、人間関係型、技術型、ビジョン型

安定期にある社会の、成熟した組織のリーダーシップは、おおむね制度型リーダーシップ、人間関係型リーダーシップ、技術型リーダーシップに分けられると私は考えている。この三つの基本型にビジョン型リーダーシップを加えて、リーダーシップのあり方と効果を検討する。

◉リーダーシップの型――リーダーシップの正当性の根拠

リーダーシップの型を論じるときには、リーダーシップの「正当性の根拠」を考えることが有効だと私は考えている。フォロアーから見て、なぜリーダーのいうことを聞くか、リーダーの指導権を正当と認めて、それに従う根拠は何か、逆に言えば、指導者は何に依存して自己の指導権を正当化するか、ということである。

組織機構や制度の上で、地位が上にあることにリーダーとしての正当性を依存するものを「制度型」と呼ぶことにしよう。組織人は多かれ少なかれ、この制度上の地位を、自己のリーダーであることの根拠としている。

5-3　リーダーシップの型

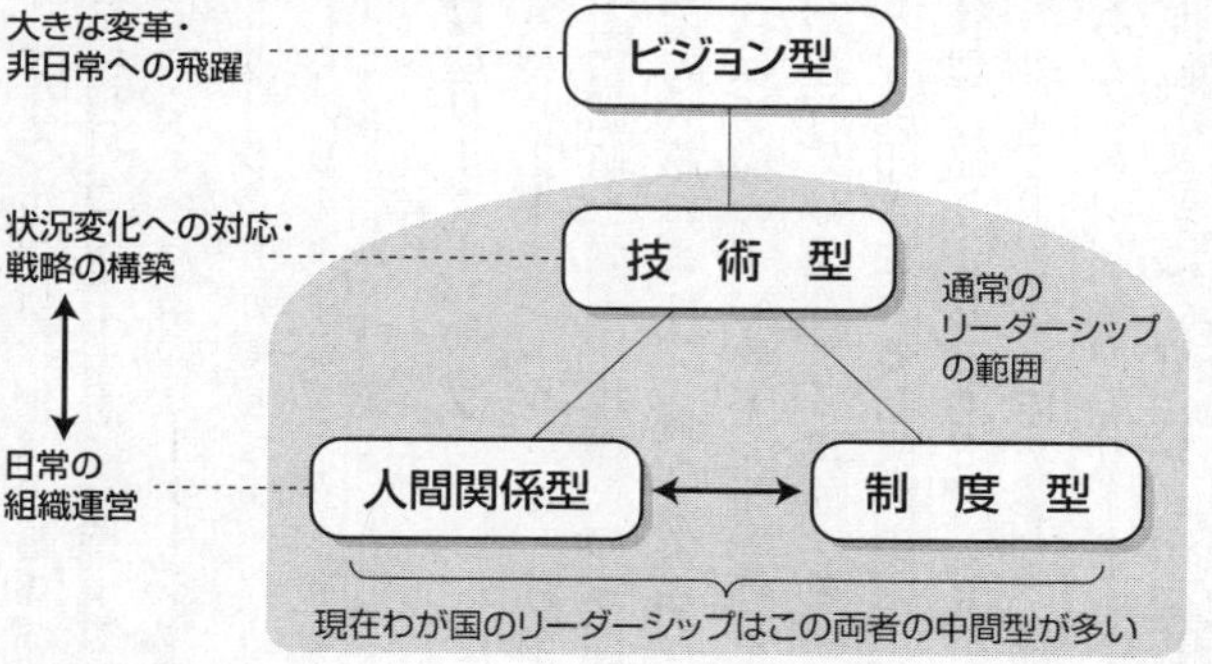

この他にリーダーシップの型として、「カリスマ型」「政治運動（扇動）型」「伝統型」などの分類がある。

次は「人間関係型」である。「人格型」と呼んでもよいが、リーダーが部下を人格的に包摂し、理解・共感・個人的尊敬の念に基づいて部下の協力を得ることに存在の根拠を求めるもので、わが国に多く見られる人情家型の指導原理である（一八二ページのコラム参照）。

これに対して「技術型」リーダーシップ（知性型、合理型と呼ぶこともできる）は、状況を分析し、あるべき施策と必要な組織やスキルを示し、それが正しいと納得するがゆえに人がそれに従うことに、正当性の根拠を求めるものである。

この、制度型、人間関係型、技術型の組み合わせで、通常の組織のリーダーシップは構成されている。これらの日常的なリーダーシップに対して、ビジョン型のリーダーシップは、何よりもまず自分が何をやりたいかという、強いアスピレーション（抱負・熱望・大志）を持っており、それが共感を呼んで人を引きつけ、人がついていくという型のリーダーシップであり、創業期とか、大きな変革期にこの型のリーダーシップが登場する。

これらのリーダーシップが、どのように機能するかを次に解説する。

◉制度型リーダーシップ

制度型リーダーシップとは、組織の持つ権限と機能に従って、業務を整々と進めることに価値を置き、組織上の地位の上下と機能の分掌を前提とし、決定権の集中と権限の委譲によって、最も効率的に組織目的を達成することを目指すものである。

これは組織の本来の姿（組織機構上の階層と権限分掌）そのものであるから、通常の業務遂行には最もよく機能するが、大きな成果を上げようとすると「予算の押しつけと、尻叩きによる結果の追求」に見られるような、権威主義的な管理、激励による管理に陥りがちである。

軍の組織は、それ自体が暴力、警察機能を内蔵しており、「生殺与奪の権」が明らかであるから、制度型のリーダーが機能しやすくできているが、民間の組織では、無理押しがききにくい点を十分考慮する必要がある。この型のリーダーシップは、訓練の行き届いた組織では秩序を保つ力が強いので、古来、苦境に強いといわれているが、ひとたび秩序が乱れ始めるともろさを露呈する。

この型のリーダーシップが新しい改革を目指す場合は、現場や周辺の事情を十分に理解・咀嚼《そしゃく》しないままで厳しく督励するトップダウン型になりやすく、プログラムがよほどよくデザインされていないと、反発を招いたり、笛ふけど踊らずの状態になることがある。

また、この型のリーダーシップは、制度に根拠を置くがゆえに、制度そのものを自己否定するような改革には不向きである。自分の下のピラミッドはそのまま保持してその上の制度を否定する、分派行動を生む場合もある。

◉人間関係型リーダーシップ

人間関係型のリーダーシップは、リーダーの下にいる個人の参画意識を呼び覚まし、個人の能力を発揮させるという点で優れている。構成員の質が高く、チームとしても相互のコミュニケーションがよく、目標や手段が正しく認識されている場合には、きわめて効率よく作用する。

逆に、構成員の質が低い場合は、たとえチームとしての一体感はあっても、下に引きずられて目標が低くなり、仲良しクラブになって機能組織としての成果は上がりにくくなる。また、構成員間のコミュニケーションが不十分な場合は、統制よりも個人の自覚に依存するためにチームがバラバラとなり、各人の努力のベクトルが一致しにくく、成果が上がらない場合がある。

この型のリーダーシップの下で新しい改革がなされるときには、「あの人のためなら」協力しようという参加の姿勢はよいとしても、「何をどうするか」について全員の認識が一致することの保証はない。したがって、理想的にいけば根底からの変革も可能であるが、条件が悪いと、「かけ声」だけで何も起こらないということになってしまう。

◉制度型・人間関係型の限界

このように考えると、制度型リーダーシップも人間関係型リーダーシップも、現在の組織が前提としている制度やカルチャーの延長線上において最もよく機能するもので、新しい価値観の創設・導入・改革の際には、必ずしも有効に働かない場合があると考えられる。

つまり、この二つの典型的なリーダーシップは、事業の発展成長過程で、戦略上の打ち手が基本的に同型の繰り返しであり、環境変化への対応要求が強くない間は、きわめて有効だということである。

わが国のリーダーシップのあり方を眺めると、ほとんどの場合、上記の制度型と人間関係型のいずれか、またはその組み合わせである場合が多い。単一民族で、等質のカルチャーを分かち合っているという土壌がある上に、右肩上がりの経済を背景に、基本的には市場の拡大とコストの改善、大量生産の戦略に乗って発展してきた組織の中からリーダーシップが育ってきたのであるから、当然ともいえる。

しかし、組織の行き詰まりを打開し、変化する環境に対応して考え方や習慣を見直し、組織に新しい風を呼ぶことは、定義上、これまでの努力の繰り返しや延長ではなく、新しい視点・新しい価値観で、新しい行動を起こすことを要求される。確立した方法論や得心のいく改革の実績がないのであるから、「叱咤《しった》激励」や「人間的信頼」だけで新しい風が吹く保証はないのである。

このように考えていくと、成熟し、整合性を維持している組織の中からは、新しい改革をもたらすリーダーシップは生まれにくいように思えてくる。しかし、そうであってはならない。ここに制度型・人間関係型リーダーシップに対する第三のリーダーシップのスタイルとして、「技術型リーダーシップ」の必要性が生まれる。

◉技術型リーダーシップ

技術型リーダーシップは、組織をリードする正当性の根拠として、権威や親しさよりも、理性による理解と工夫を重視し、それを自覚的に活用するものである。そのためには、まず組織の現状を、背後にある歴史的経緯や価値観も含めて、客観的に把握することから始める。その上に立って新しい環境の中で、何を目標に、何をどうするか、どこをどう変えるか、その理由は何かを、筋道を立て、事実に即して分析・理解し、必要な対応をしていかなければならない。

本書で取り上げた戦略立案のプロセス（課題の設定、現状の分析・診断、解決策の検討、実行プログラムの策定）は、まさにこの型のリーダーシップにうってつけの手法であると言える。

この「技術型リーダーシップ」の視点でみると、小泉純一郎首相（平成一三年四月〜）の郵政事業民営化の主張は、きわめて中途半端に映る。

そもそも同首相が郵政事業民営化を旗印に掲げたのは、平成七年の自民党総裁選のときであり、その立候補の真意は「無投票で総裁が橋本龍太郎氏に決まるのは、党の活性化の為にもまずい」というものであった。民営化の必要性についての説明も、当時の政治上の争点というより個人的な主張の域を出ないもので、「国鉄も電電公社も民営化して活性が増している。郵政も民活を導入すべきだ」という程度のものであった。郵政大臣経験者としての立場から当然説明のあるべき「郵政三事業の規模はこれこれ、全国の郵便局の数がいくつ、関係職員数が何人で、コストがどれだけ、どの部分が不効率で合理化が必要であり、政府事業であるが故に不都合なかくかくの制約がある。民営化したら、どのような改善が可能でどういうメリットがある」という具体的な説明は一切なかった。

あのときはにわかな立候補でもあり、準備期間がなかったせいもあろうが、その後一〇年、郵政民営化の旗印を掲げ続けている割には、「民営」という器の入れ替えを超えた現状分析や施策の内容・その効果についての説明は十分になされていない。

国政のレベルで、この程度の主張で通用する(敵陣営も同じ)という事実は、一般的にわが国の技術型リーダーシップの不足を示すものではないだろうか。

ところで、この技術型リーダーシップも、現状を客観的に把握し分析するだけでは、単なる批評家に成り下がってしまい、なぜできないか、その理由の指摘だけに終わってしまう危険性がある。

いやしくもリーダーであるためには、あくまでも実行し、成果を上げることを旨とし、そのための具体的な指導に最大のエネルギーが投入されなければならない。その意味での牽引力という点では、単なる技術型リーダーシップでは不足するものがある。

この問題を解決するには、現状の分析や判断を超え、信念に基づくビジョンと情熱が必要であり、これこそ、いわゆる創業者社長たちに共通する要素であるように思う。次にそのビジョン型リーダーシップについて考えてみよう。

◉ビジョン型リーダーシップ

日本にはベンチャー型は育たないとか、ベンチャーは存在しにくいという考え方があるが、果たしてそうだろうか。

どこかの記事に「ベンチャー精神を忘れた日本の企業」と題して、マイクロソフト・成毛眞社長（当時）のインタビューが掲載されていたのを読んだことがある。その中で氏は、日本にもビル・ゲイツのようなベンチャー経営者が育つ土壌があるかとの質問に答えて、「過去に本田、松下、稲盛（和夫）氏のような人がいたのだから、日米で違いがあるとは思わない。ただ（組織が）年をとって自分がベンチャーであることを忘れているだけ」という意味のことを述べておられた。そのとおりである。

ベンチャーという言葉の解釈にもよるが、大きな目標とビジョンを持って、ある程度の危険（無謀ではない）を顧みない冒険精神、起業家スピリットを持って会社を率いてきた人々をベンチャー経営者と定義するなら、大企業の中にも、一万田《いちまだ》尚登《ひさと》元日銀総裁とのペンペン草論争で有名な西山弥太郎氏をはじめ、土光敏夫氏、永野重雄氏、井深大《いぶかまさる》氏等々、数え上げればきりがないほどおられる。電鉄系の五島慶太、堤康次郎、小林一三各氏もベンチャー精神の権化であるし、先に事例を引用させていただいた安藤百福氏や小倉昌男氏も、まさにベンチャー経営者そのものである。

ある意味では、ゼロから出発した戦後の日本の企業は、みなそのような起業家精神と従業員の熱意・努力によって成長した。それがなければ今日の経済はあるはずがない。過大評価する必要はないが、卑下する必要もない。

問題は、日本人の資質にあるというより、これまでの経済成長があまりにうまく推移しすぎて、年功序列・終身雇用の組織の中に住むことがあまりにも快適であったこと、官庁の規制や指導があり、業界も協調して経済に大きな波乱を起こさぬような秩序（護送船団など）を存在させてきたことにあったといえる。

戦後六〇年、わが国経済の転換点に立って、組織に新しい活力を導入しようとすれば、これまでの主流である制度型および人間関係型リーダーシップでは不十分である。まず、技術型のリーダーシップを身につける工夫をしながら、ビジョン型のリーダーシップを育成する体制を整備することが必要である。

そのためには、管理志向に走りがちな組織の本質をよく理解した上で、リーダーを育成・導入するための企業組織と社会制度の工夫が必要である。これについては、次章であらためて取り上げたいと思う。

Column ❷

大山巌のリーダーシップ

――人間型リーダーシップの例

わが国では伝統的に、実務は下に委ねて、リーダーは部下の働きやすい環境を作ることが望ましいという考え方がある。その代表的なモデルは、日露戦争時の大山巌元帥であろう。

日露戦争の数々の会戦の中でも、黒溝台の会戦は不慮にして起こり、敵に主導権を握られたこと、彼我の戦力差が大きかったこと、まかり間違えば総崩れになる危険があったことから見ても、最大の難戦のひとつであった。

＊　＊　＊

総司令部も大いに狼狽して矛盾する命令が出されたり、電話口で参謀が悲鳴をあげるようにして怒鳴ったり、それを締めくくるべき先任の松川参謀もしばしば逆上した声をあげ、総参謀長の児玉源太郎大将さえ地図の前に立ったかと思うと電話に走り、参謀を怒鳴ったりで冷静さを失い、騒がしさはその極に達していた。

この間、大山は姿を見せず、ずっと総司令官室のベッドの上に寝転がっていた。しかし、やがて灰神楽が立ったような作戦室に悠々と姿を現すと、児玉の机に近づき、室内を見渡しながら、「児玉サン、朝からだいぶオオヅツ（大砲）が聞こえるようですが、一体どこですか」と言ったから、児玉は大山を見上げて言葉を失い、やがて片隅から笑い声がおこった。室内の空気は一変した。

「はい。左翼にだいぶ来ているようです」

児玉はやっと答えた。

「左翼ですか、それはご苦労なことです」と大山は言い、室内をゆるゆると一巡して自室へ引き上げてしまった。

（司馬遼太郎『坂の上の雲』より）

別の機会にも大山は、苦戦で混乱している司令部にゆるりと現れて、

「大砲《オオヅツ》は上へ向けると遠くへ飛ぶのでごわすか。不思議なもんでごわすなあ」と言って皆の笑いを誘ったという。

薩英戦争以来、砲兵として活躍し、自らの考案になる弥助砲（若い頃の大山の名は弥介）を発明したほどの陸軍元帥がである。

＊＊＊

実は、このようなリーダーシップは、階層社会でありながら、「同じ釜の飯を食った仲間」の言葉で代表されるように、仲間意識、共同体意識が強く、お互いの気心が知れているからこそ、成立するものである。多民族国家のアメリカでこんなことをやったら、無能のレッテルを貼られ、たちまち部下の信頼を失うであろう。

能力があっても、あえてそれを表に出さず、部下がやりやすいように信頼して委ねる。部下はそのようなリーダーの意

図を汲み、信頼に応えるべく全体の立場、上司の立場に立って考え、協力して最適の方策を見出すべく努力する。リーダーは成り行きを見ながら、要所要所で効果的な指導をする。こうして部下は職務上の責任以上の役割を果たし、自らも成長の機会を得る、というわけである。

このような育てられ方をすると、将来を嘱望されているエリートは、若い頃から、すでに上司の立場でものを考える訓練を経るため、昇進しても全く未知の能力を要求される可能性は少ない。

そして上司の立場に立つや、問題を一人で背負い込まないで、部下の働きやすい環境を作り、自らの負担を軽減しつつ衆知を集めて問題に対処することに専念する。

しかもそのようなリーダーシップのあり方を、身近に仕える上司のモデルを見ながら学び取るという、合理的なシステムと考えることができる。

Column ❸

ラインとスタッフ

——幕僚（参謀）の機能

ラインとスタッフの思想の起源は、ナポレオン戦争時にさかのぼる。

ナポレオンは軍事的天才であった。彼は、過去の軍事的常識を次々に打ち破り、彼の前に、ヨーロッパ各国の諸軍は、連合もむなしく、次々に打ち破られた。ナポレオン自身の無理によるモスクワ遠征の大失敗と、ワーテルローにおける老将ブリュッヒャーの常識を超えた果敢な判断により、かろうじて勝利を得たものの、数に勝る連合軍も、フリードリッヒ大王の伝統を受け継ぐ精鋭プロイセン軍も、天才ナポレオンの前に、何度も苦杯をなめさせられた。

この一人の軍事的天才に対抗する抜本的な手段として、軍の指揮・統御の機能（ラインの属性）から、情報収集、分析、作戦の立案の機能を分離し、それを組織としての参謀部に帰したのは、モルトケであった。彼は、これによって強力なプロシア陸軍を創設した。

このスタッフ（参謀部）のサポートによって、司令官は自己の持つ制度型および人格型のリーダーシップの上に技術型リーダーシップの根拠を得て、心おきなくラインの指揮・統御に心を用いることができる。また、若い俊英は、スタッフとしての作業・訓練を通じて、ライン指揮者の立場に立つ年齢と経験を経る以前に、若い柔軟な頭脳を刺激し、発達させることができる。そして、それらの若い俊英を教育する士官のための学校組織が発達する、という仕組みである。

ひるがえって経営の場でこれを見ると、なるほど形の上では一応ラインとスタッフは分かれており、それなりに機能はしているが、その効用を十分に発揮するためには、なおかつ、軍事モデルから学ぶ余地があるように思える。

第一に、スタッフ機能がどちらかというと「ラインの提出する意欲・試案に対する管理」の役割を果たしがちであり、本来の創造的、建設的な企画、立案機能を十分に発揮できるシステムになっていないのではないかという問題がある。

第二の問題は、スタッフは、幅広いラインの機能を統合してこそ、分析力・統合力・創造力が発達するはずであるのに、企業においては、とかく社長室・秘書室畑、企画畑、人事畑、経理畑のように、スタッフ自体が専門職化し、それ自体の統合的な情報収集・分析・創造的活用の機能を持ちにくくなっていることである。

その上、スタッフの仕事は、役員会の資料の作成と根回し、調整が多くなり、このプロセスの繰り返しのうちに、本来の、ラインに縛られないダイナミックな性質を失っていく。提案の欠点や形式要件の不備を指摘するなど、審査・管理の機能ばかりが発達することになりかねないのである。

第三は、これらのスタッフ組織で活躍すべき、若き参謀の育成の問題である。本来ならば、このスタッフ人事は、ラインとの密接なつながりを持つためにも、ラインとスタッフの経験が交互に繰り返され、かつスタッフになった以上は、若くしてラインのトップと直結し、ライントップの立場でものを考えるというアレンジが必要なはずである。しかるに、組織の巨大化と重層化により、若いスタッフがトップと直接話し、トップの目でものを考える機会は薄れつつある。

友人である企画部次長の言葉を借りよう。

「私が企画係長の頃は、常務とはいつでも直接話ができたし、社長に直接説明することも少なくなかった。それが十数年経って次長になった今では、上に了解を得なければならない階層が増えてしまって、直接社長と意見を交換する、などということはあり得なくなった」

高度成長期、バブル期を経て、新しい指導体制を模索しているわが国の組織にとって、ラインとスタッフの意義を、本旨に立ち還って今一度考えてみる価値があるように思われる。

POINT 3

変革のメカニズムを考える

大きな変革というものは、人の力によって成し遂げられることは少ない。変革に反対する旧制度の抵抗を排除しつつ、多数の力を結集するための「運動」が必要となるからである。変革のためのリーダーシップを考える手順として、まず、変革のメカニズムを考察する。

◉政治運動型リーダーシップについて

故司馬遼太郎氏の史観によれば、大変革期というか革命期には三つの段階があり、それぞれの段階の求める傑出した人物が登場するのだそうである。氏は、明治維新に至る過程を描いた二つの歴史小説——吉田松陰、高杉晋作の師弟に焦点をあてた『世に棲む日日』と、村田蔵六の半生を描いた『花神』——の中で次のように書いている（注：筆者による抄訳）。

(1)革命の初動期には予言者／理想家が現れ、多くは非命に倒れる。
（例　吉田松陰……理念《イデオロギー》型リーダーシップまたはビジョン型リーダーシップ）

(2)革命の中期には卓抜な行動家が現れ、奇策と行動をもって危険な事業を推進し、これまた天寿を全うしない。

(例　高杉晋作、坂本龍馬、西郷隆盛……政治運動型リーダーシップ)

(3)三番目に登場するのが技術者(法制、軍事、科学などの実務的技術)である。大村益次郎は仕上げ人として歴史に登場し、革命家たちの仕散らした仕事を組み立てた(中略)維新は嘉永以来の無数の屍の上にできあがった。しかしながら、最後に出てきた一人の大村がいなかったとすれば、成就は難しかったに違いない。

(例　大村益次郎……技術型・機能型リーダーシップ)

(4)それらの果実をとって、先駆者の理想を捨て、処理可能な形で革命後の世を作るのは処世家の仕事である。

(例　明治の元勲たち……制度型リーダーシップ)

この史観は、国家の政治の世界についてであり、革命という異常事態についてのことであるから、当然、通常の経営の世界に当てはまるものではない。しかし、参考になる要素を多く含んでいる。

前節で、私がビジョン型リーダーシップと称したものが、ここでは理念としてのビジョンをうち立てる「理念型リーダーシップ」と、それを実現するために旧体制との相克《そうこく》を演じる機略縦横の「政治運動型のリーダーシップ」の二つに分けられている。そこに意味がある。

新しい理念（ビジョン）を実現するということは、旧体制と、旧体制が守ろうとする価値観（特に安定、身の安全）を打破しなければならない。そこには当然障害要素が現れ、それを排除しなければ新しい価値観が浸透しないのである。しかし、その抵抗を排除することは相手の全否定を伴うことが多く、常に生命の危険が伴い、その危険を超えて全体を動かすためには、機略縦横の活動（政治運動）が必要になるわけである。

経営の世界では、この変革のエネルギーは、一人のビジョンセッター兼推進運動家、ないしはグループによって生み出され遂行される。例えば、ヤマト運輸の小倉社長（当時）がそうである。しかし、一人であれ複数であれ、「障害要素を認識、それを克服する」ためには、人の心を旧制度から引き離し、新しい価値観に向かって躍動させるための「運動」が必要になることには違いない。

つまり、変革の大きな障害は（ビジョンそれ自体は正しいとして）、旧制度そのものと、それを守り、維持したいとする人の行動様式である。それを打破するためには、障害を乗り越える運動——人を巻き込み、人を動かす積極活動——が必要だということになる。

変革を目指すビジョン型リーダーシップには、政治運動型リーダーシップの要素が含まれていなければならないことがわかる。

◉大きな変革はどのようにして起こるか

私がハーバード・ビジネス・スクール時代に師事したジョージ・C・ロッジ教授は、「社会の中でいかに変革が起こるか」、企業を含む「組織の変革が容易でないのは何故か」の研究に取り組んだ人である（戦後、日本が国際社会に復帰し成長を始めた頃、国際舞台で活躍したアメリカのロッジ国連大使の名を記憶されている方もおられよう。同教授は、そのロッジ国連大使の子息である）。

教授はベストセラーとなった“The New American Ideology”（『ニュー・アメリカン・イデオロギー』サイマル出版会　西潟・水谷・後　共訳）の中で、企業組織や社会が前提とする「制度」（組織機構、システム、慣習、価値観など、「7S」の項で取り上げた、組織とその中の人の行動を規定するすべての制度を含む）が、いかに変革を阻害するかの過程を例に挙げて検証している。

その例を引きつつ、「企業の変革」の課題について考えてみたい。

パナマ・ベガラス物語

パナマにベガラスという貧しい地方がある。この物語は「貧しい地域の食糧増産」という、誰が見ても正しい目的を達成することが、実際はいかに困難であったかを、ロッジ教授と学生グループが調査し、「変革」と「制度」の課題を考察したものである。

まず、国連の農事専門家が、この地方の主要産物のひとつであるトマトの増産のために派遣された。新種のトマトの苗と肥料を用いれば、生産性が簡単に数倍も上がるとの調査に基づき、地域の農民に教育を施すためであった。そこで何が起こったか。

まず最初の困難は、協力者となるべき農民を探すことであった。一般に後進国の農民は保守的で、新しいことを好まない。自然環境が苛酷な地域では、なにごとであれ新しいことは危険だという経験則があり、変化に対して本能的なおそれをもっているからである。理にかなう「明らかによい」ことでも、説得には時間と勇気づけが必要であった。

やっとある農家の説得に成功して実験が開始された。実験は見事に成功して、トマトは前年の二倍以上の収穫を上げた。ところがこの成功がまさに破綻を生むのである。

トマトが二倍実ったのはよかったが、大雨で道路が崩れ輸送が間に合わず、二割は畑で腐ってしまった。それは不可抗力としても、次に輸送業者が豊作の畑を見て、運賃の値上げを要求してきた。さらに大量のトマトが市場に出荷されると、市場の運営が独占資本に支配されたせいもあり、過剰供給のため市場価格が低落した。いわゆる豊作貧乏である。その農家の実収入は減少してしまった。

ここまでは現象として理解できるが、問題はその次である。隣地の有力地主がこの豊作の土地に目をつけ、囲い込みを図ったのである。この地方の土地所有権の規定はしっかりしておらず、境界・登録などの証拠は不明瞭であった。貧しい農民にとっては弁護士の費用はとうてい工面できない。すったもんだの末、結局何割かの土地を取られてしまった。法制度が変革を阻害する者の味方をしたのである。

さて、翌年になると新しい苗や肥料は自分で購入する建前であったが、この農家はそれが買えない。銀行から融資を仰ごうにも保証制度などの支援プロセスはなく、その農家は結局もとのやり方に戻るほかはなかった。農事専門家はそのような地方のメカニズムに暗く、「明らかに増産の実績が上がり実験は成功したのに、農家にそれを継続する勇気がない」ことを嘆いて去っていった。

かくして、誰が見ても正しい目的、正しい方法が現実には機能しなかったことになる。土地の所有権、市場制度、輸送インフラ、法律制度、融資システム、農村共同体の慣習、有力者との関係などあらゆる制度（従来の生産体系を前提に安定的に機能していた諸制度）が、技術的には明らかに正しいと考えられる食糧増産を不可能にしたのである。

しかし、この物語には解決策があった。解決は農事専門家ではなくカトリックの司祭を中心とする運動家のグループによってもたらされた。

彼らはまず地域に直接役に立つ支援で、なおかつ既存の組織や制度に抵触しないことから手をつけた。伝染病対策、毒蛇対策のための診療所や無線施設の建設（血清の請求のため）などがそれであった。宗教的な奉仕活動にも裏打ちされて、このグループに対する信頼は、徐々に高まっていった。

次にこのグループが行ったことは、ユネスコの援助で建てられた、建物だけは立派だが極端に就学率の悪い小学校の活用であった。教育の必要性は認識されてはいても、子供が重要な労働力であるこの貧しい地方では、学校へ通うことが現実的な利益には結び付かない。それに対してグループは、カリキュラムを再編成し、衛生知識の普及や栄養講座を含め、親子を巻き込んだ生活教育を展開した。

この運動が定着することで、組織的指導が可能となった。それにしたがい、農業指導も食糧増産も個人ではなく、共同体全体の活動として勢いを得て定着し始めた。輸送・市場などのインフラも次第に増強されるようになり、行政の協力も得て地域の改革が進み始めたのである。

◉「予算制度」が障害になる（企業の例）

この物語を後進地域の無知のゆえと笑ってはいけない。内容こそ違え、基本的性質としては全く同じような現象が、わが国の企業にも社会にも起こっている。

まず企業の例である。一九七〇年代の初期、そろばんの市場が全国的に電子卓上計算機（一億台が約束されたマーケット）に置き換わる過程で、電子、光学、家電など二〇社以上が参入し熾烈な競争を演じたことがあった。その結果、勝ち残ったのはシャープとカシオであったが、その勝ち残った理由は、技術者の能力の問題でも資源投入量の問題でもなかったと私は考えている。誰も日立や東芝の技術力・企業体力が、当時のカシオやシャープに劣るとは主張しないと思う。

日本経済新聞に連載された樫尾忠雄氏の「私の履歴書」を読むと、当時は小規模であったカシオは、社長の決断さえあれば開発陣が予定を変更して即座に新モデル、新課題に集中して取り組むことができた様子がつぶさにうかがえる。こうして電卓戦争の最盛期にはほとんど二～三カ月ごとに全く新しいモデルが登場し、市場の人気をさらった。

予算制度の発達した大会社ではこうはいかない。大手といわれ事業部制と中央の管理機構の整備された会社では、例外なく年次予算の制度で縛られ、研究開発テーマの決定も、それに配属する要員の配置も、二〜三カ月でおいそれと変更するわけにはいかない。しかし、それでは「音が出る機能」「超薄型」「時計組み込み」「安価モデル」と目まぐるしく新機軸のモデルが登場する開発サイクルに、ついていけなかったとしても不思議はない。「予算制度」という、世に常識として定着した組織運営機構が「競争に勝つための開発スルー・プット・タイムの短縮」という、誰が見ても正しい目的に対する障害となっているのである。

＊＊＊

この事例は、なぜ「革新」がしばしば小企業によってなされ、資源の豊富な大企業によってなされにくいのかの理由を如実に示している。

小さな組織は、内部の規定や制度が未発達であるために、状況に対応しやすいのである。

大きな組織の大きな変革は、その組織の持つさまざまな内部の抵抗や矛盾を排除しなければ、成就できない。言いかえれば、「大きな変革」というものは、既存の制度の障害を無力化する過程ないし新しい方式を肯定するより強い<u>しかけ</u>（人の心も含む）の構築なしには困難なのである。

POINT 4 変革の態様、リーダーシップのあり方を考える

変革を目指す場合には、その変革がどのような広がりを持ち、旧来の姿とどのようなかかわり合いを持つか、(障害)を考える必要がある。変革の内容によって、必要なリーダーシップの態様が異なるからである。

◉制度とは何か

組織の課題を理解するためには、政治学でいう「状況」(Situation)と「制度」(Institution)の考え方が役に立つ。

「状況」とは、個別の時点でおこる個々の事象のことであり、人(または組織)は、その個々の状況に対応して、その場その場で行動することを要求される。

しかしこれでは不安定であるし、エネルギーを要するから、安定と効率化のためには、人はこれらの個々の状況を、共通性・因果律・予測知識などに基づいて解釈・意味づけを行い、共通性・再現性のあるものに整序する。そのことによって、人の行動様式には安定とエネルギーの効率化がはかられ、調和のとれた社会ができ

る。この「行動の類型化されたもの」を広く制度（Institution）と呼ぶことにしよう。

制度には自然発生的な制度（ムラ・家庭・習慣）もあれば人為的に創設された制度（国家、企業、法律、予算、稟議など）もあるし、その中間（道徳律・礼儀）のものも考えられる。また、制度が共有される広がりが、国や民族レベル（憲法・民族文化）、社会レベルで容認されるものから、部分レベル（企業、地方公共団体、教会）あるいはもっと小さく、小グループ（職場・家族・個人）のレベルにとどまるものもある。時間の点でも短期のもの、永続性のあるもの、強制力の強いものから弱いものまで、その内容はさまざまである。

人は、制度の中に生き、制度に守られて、日々を安全に生活している。そして、我々をとりまく「制度」は無数にあり、それらが互いにそれぞれの位置を保ち、分け合いつつも、きわめて複雑に絡み合っていると言える。そして、その制度の一つまたはいくつかが、新しい状況に適合しなくなったとき、人は状況に合わせて新たな対応行動をせまられる。その対応行動が共通化するとまた新たな制度となっていくことになる。

さて、変革とは広い意味では、人の行動様式を律しているこの「制度」を古いものから新しいものへと変えることにほかならない。当然古い制度からの抵抗が起こる。その抵抗の強さは、旧来の制度の強さと広がりによって当然異なる。制度同士が相互に絡み合っているから、直接変更をせまられる表面に見える制度だけでなく、背後にその制度と絡み合った他の制度の抵抗も当然計算に入れなければならない。

◉変革の態様

この既存制度の状況と目指すべき新しい状態・内容によって変革にはいくつかの態様がある。私はそれを、

(1)制度の形成・適応（Formation）
(2)制度の遂行・強化（Operation）
(3)制度の遷移・流用（Evolution）
(4)制度の革新（Innovation）
(5)制度の否定・革命（Revolution）

に分けて考えている（英語がどこまで正確かは知らない。概念を明示したいために使った）。

制度の形成・適応

例えば会社の創業がこれにあたる。形成された組織の目的と戦略（資源の調達・配分）により、状況にうまく適合すれば、きっかけと勢いで成長し得る（当然周囲の制度からの抵抗はあるが）。ビジョン型のリーダーシップが必要である。

制度の遂行・強化

例えば「マニュアルの整備とそれに基づく営業活動の強化」などがこれにあたり、内容の正しさ（技術的正当性）と、参加者の訓練・コミットメントによって成果があがるものである。怠惰との戦いになるため、制度型のリーダーシップが重要な意味を持つと同時に人を巻き込む人間関係型リーダーシップも有効である。

制度の遷移・流用

例えば、憲法第九条を考えてみよう。あの文言をみる限り、絶対に自衛隊を持つことはできないはずである。それが、昭和二五年の警察予備隊にはじまり、「戦力なき軍隊」と呼ばれた保安隊、自衛隊へと変化し、今では押しも押されもせぬ立派な戦力を持ち、巨大な国家予算を消化している。制度の解釈運用という手段を通じて、制度の内容自体が変化したとみるべきもので、制度型のリーダーシップと技術型のリーダーシップのバランスの間で、時間をかけて移行していったものである。

制度の革新

制度の遷移が徐々に、旧制度の建て前と妥協しながら起こるのに対して、制度の革新は正面から意識的に制度を革新するものである。パナマ・ベガラス物語にみるように、ハード、ソフトの多岐にわたって、複雑に絡み合った旧制度の全体をほぐし、新しい価値観を関係者に浸透させて人を巻き込む活動を意識して強力に進める必要がある。このためには、ビジョン型の目的意識、洞察力と技術型の現状認識力とスキル、政治運動型の活動力を必要とする。

制度の否定・革命

古い価値観や旧制度のセットを大幅に否定し変更するもので、司馬史観にある明治維新の姿がこれにあたる。すなわち、理念・ビジョン型リーダー（吉田松陰）、政治運動型リーダー（西郷、高杉、坂本）、技術型リーダー（大村、由利公正、維新初期のテクノクラート群）が、革命完結のために必要となる。革命ののち新たな制度は、ビジョン型のリーダーシップと制度型のリーダーシップの共同作業で、形成されて

5–4　制度改革の態様と変化の大きさ

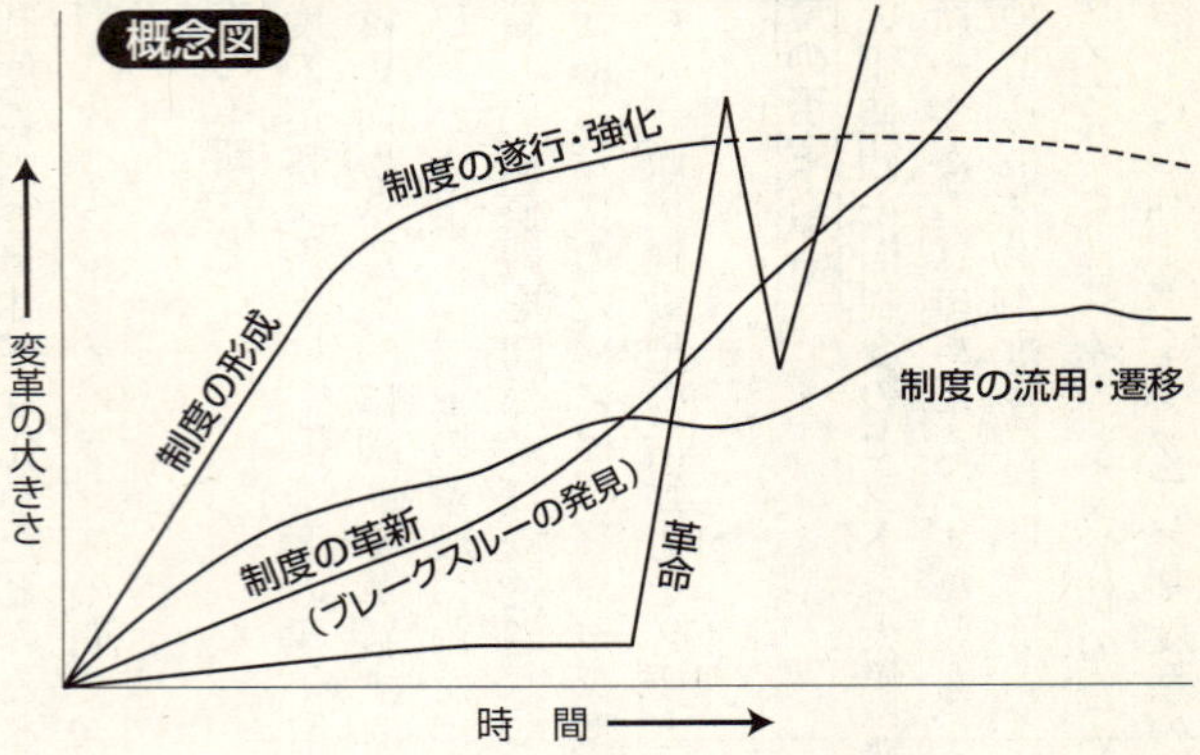

いくはずである。

上の図は、参考までに時間軸の上に変革の態様と変革の程度を模式的に示したものである。

なお、この変革のためのリーダーシップを考慮に入れると、章のはじめに示したリーダーシップは、次ページの図のように修正してより広範囲で考えることができる。なお、人間関係型リーダーシップは、人の社会である以上、どの場合にも有効なものであるからすべての真ん中に位置づけることができると思う。

◉変革のためのリーダーシップをデザインする

以上をまとめると、変革のために必要なステップは、

5-5　変革とリーダーシップの態様

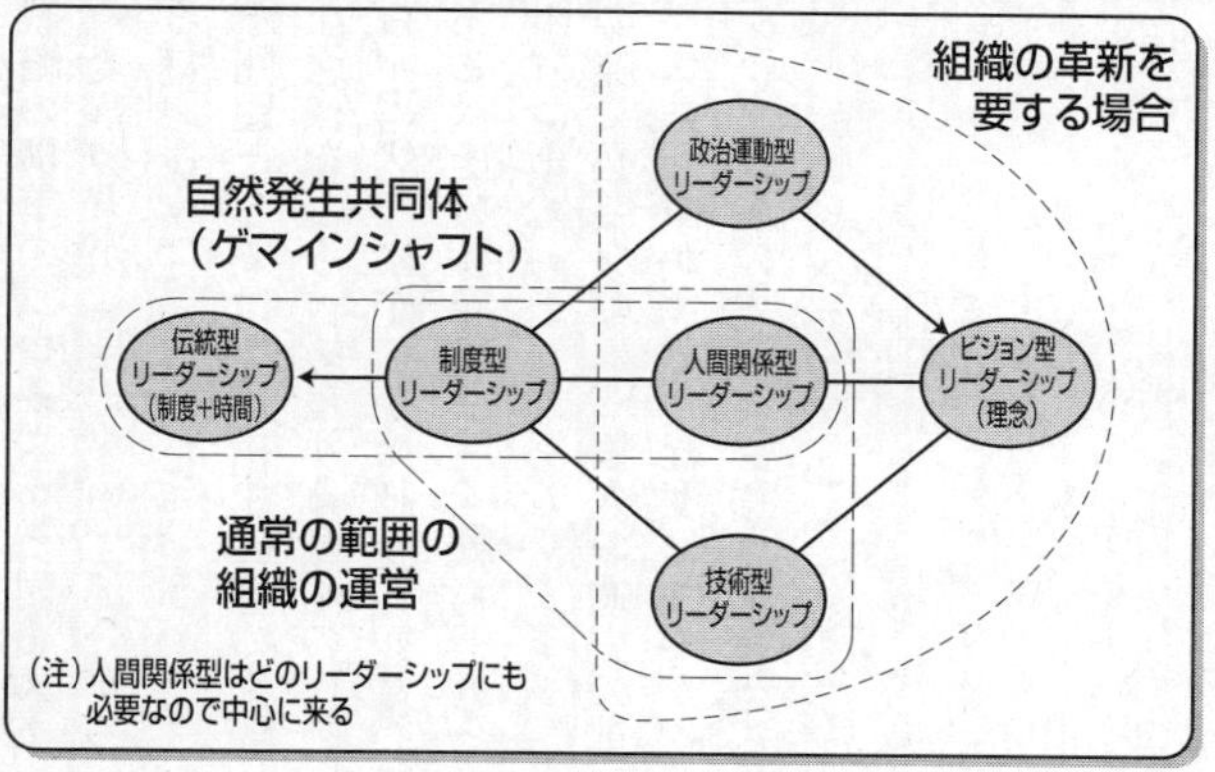

(1)状況を認識して、現制度とのギャップを自覚する

(2)新しい制度のあるべき姿を考えて、どの「型」の変革が妥当かを考える

(3)まず、実施してみる。十分に考えてプログラムを組むことは、もちろん必要であるが、「表面に見えない制度」からの抵抗があってはじめて、対象とすべき制度の総体と相互関連がわかる。それを見ながら、ブレークスルーを探すことが必要となる

(4)変革の態様によって、あるべきリーダーシップのスタイルを自覚し、適用する

——ということになるであろう（上図参照）。

よく考えると、これは、第3章に示し

た「戦略の構築のプロセス」と同じステップを踏んでいることがわかる。ただし、制度の変革の方が「見えない」部分が多いので、試行錯誤をより多く繰り返すことになるであろう。

実際問題としては、目指す変革の影響する範囲の大きさ、内容は千差万別でさまざまな態様をとる。あらゆる戦略の構築は、状況に対する組織からの働きかけであるから、当然なにがしかの制度の変革（内容に応じて異なった態様をとる）を含むものである。その変革の中身を熟考したうえで、我々はそれに必要なリーダーシップをデザインしなければならない。

その際に必要なのは、個人の過去の実績、日頃の志向からどのスタイルのリーダーシップをもつか、その程度は強いか、弱いかをまず評価してその上で必要なリーダーシップ育成の方向、留意点を考えることであろう。

6

新しい時代への視点

POINT *1*	いま、日本の組織に何が起こっているか
POINT *2*	日本の組織の根本課題
POINT *3*	新しい時代を築くために

POINT 1 いま、日本の組織に何が起こっているか

成長期を通じて人と組織の稀にみる調和を実現したいわゆる「日本的経営」は幸せな外部環境と内的諸条件のバランスの上に成り立っていた。二一世紀を迎えた現在、その前提条件は大きく崩れた。我々はこの内的・外的環境の変化を正しく理解して、手おくれにならないように適切な変革への準備を進めなければならない。

◉日本の組織の幸せな時代

日本の組織は、戦後から高度成長期を通じて世界でも稀にみる幸せな時代を過ごしてきた。企業組織ばかりでなく個人も幸せであった。明日の食べ物もなくＭＳＡ(Mutual Security Act＝相互安全保障法)援助がなければ餓死者が相当出たであろうという状況からは想像もできないほど、一人当たりＧＤＰで主要国の中でもトップクラス、衣食住足りないものはなく(うさぎ小屋といわれるが、日本の住環境は決して悪くない。しかも全国で一七％、東京都でも一〇％の家があまって空き家なのだ〈一九九五

6−1　日本の組織の幸せな時代

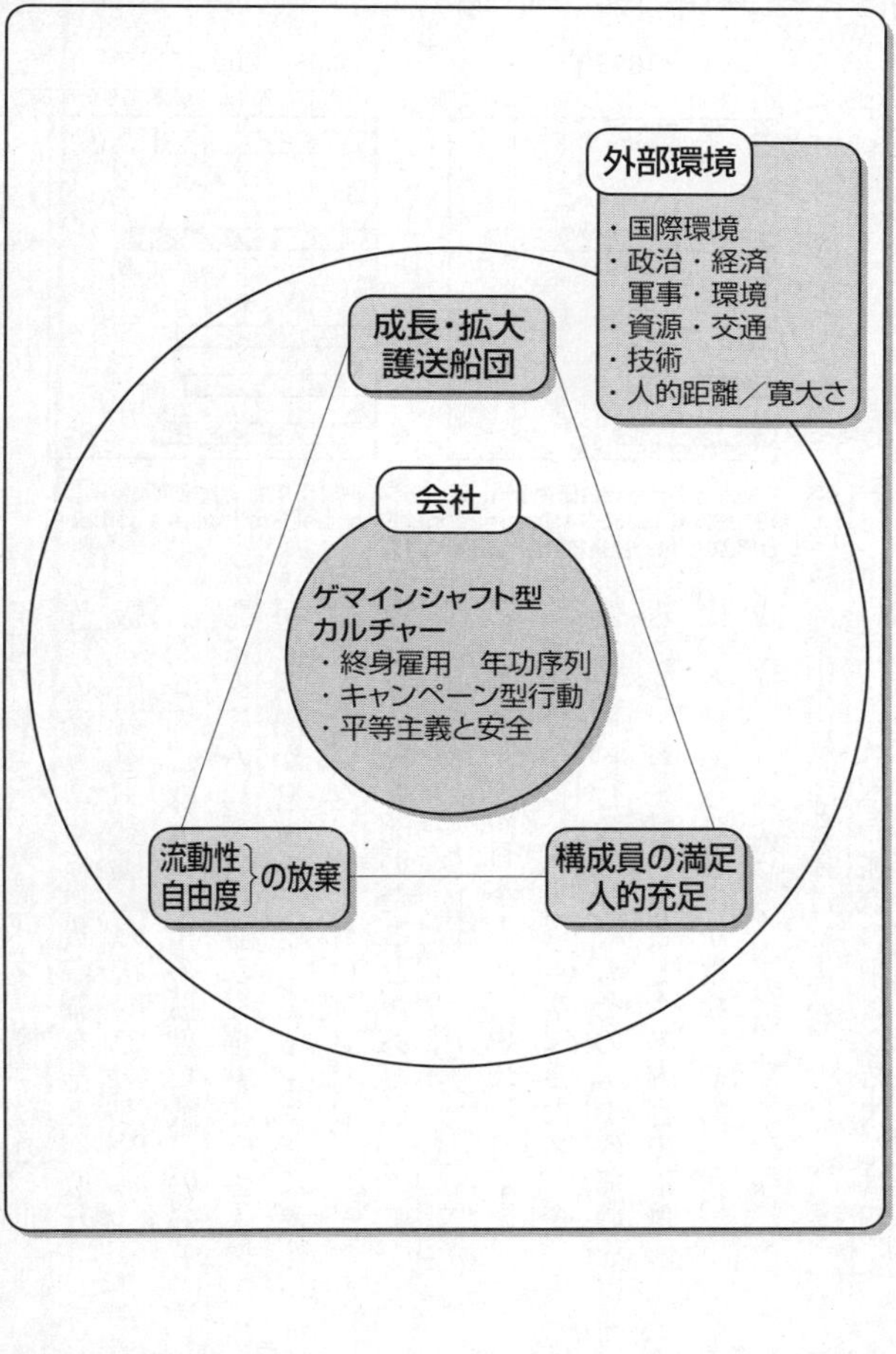

6-2　1人当たりGDP比較

例示

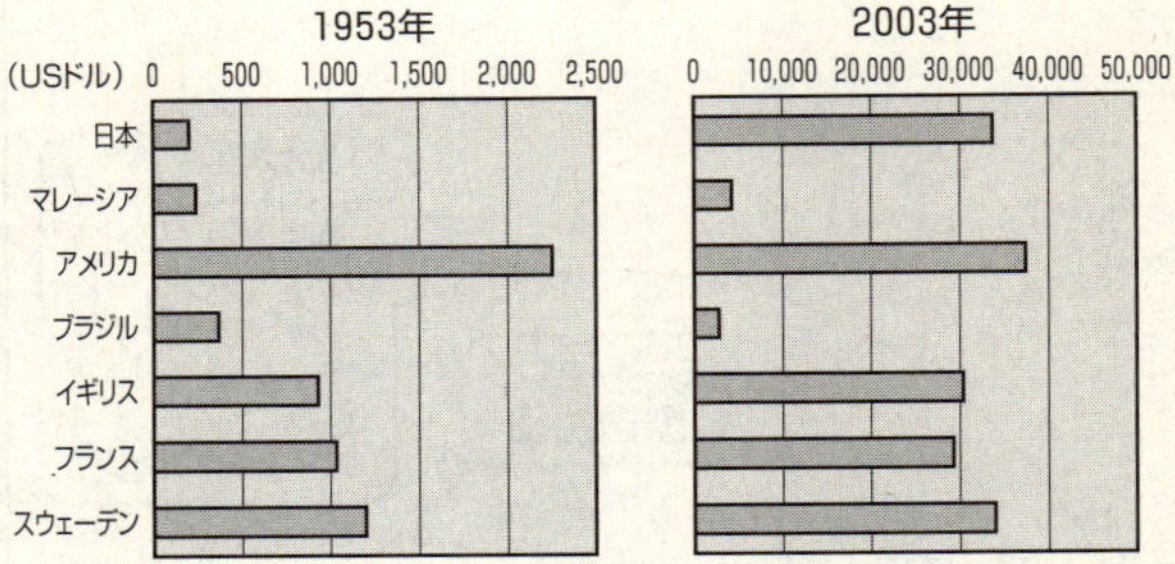

資料出所：内閣府経済社会総合研究所ホームページ「平成15年度 国民経済計算確報」、1993SNA、1995ESA、International Financial Statistical Yearbook、世界の統計（総務省統計局）、国連年鑑

年頃の数字〉）、貿易収支は黒字続き、世界一のありあまる外貨準備を抱え、取り扱いに苦慮するほどの状態である。

かつて、戦後二〇年の孤独な戦いののちにグアム島で救出された横井庄一さんが、羽田から東京に入ったとき、「これは日本ではない、これはアメリカだ」とつぶやいたと聞いたことがある。

終戦直後、一九四五〜五〇年（昭和二〇〜二五年）の日本人が、現在の日本を「二重映し」にすることができたら、企業も人も、行政も学校もその「やっていること、考えていること」の内容の落差に、ただあきれるほかはないであろう。我々はあらためて、この幸せをかみしめ、天に感謝を捧げてよい。

この「日本の組織の幸せな時代」は、

・日本をとりまく外部環境に恵まれた
・日本の企業組織の内部環境が稀に見る調和を見せた
・組織構成員の満足の度合いがきわめて高かった
――ことによってもたらされた。

◉外部環境に恵まれたこと

まず、このような企業の成長が（もちろん企業自身の努力の賜ではあるが）、その努力が容易に実る、きわめて幸運な外部環境に恵まれてきたことをあげなければならない。

大戦を引き起こす原因ともなった「持てざる国」の資源不足は今や昔語り。海岸立地に恵まれた日本は、大型タンカーや輸送船の発達と、日本向けの「開発輸入」の組み合わせにより、経済的に有利な条件で資源を大量に入手できるようになった。石炭や鉄鉱石にしても、石油にしても、木材や魚に至るまで不足するものはなにもない。

技術も金さえ出せば、基礎研究のリスクを負うこともなく、世界中から調達することができた。外国は日本の企業に対してパテントを譲ってくれたし、器用な日本人はそれをベースに相手よりも品質の優れた製品を作り、競争上、優位に立った。

市場という点では、日本は一億二〇〇〇万人（平成一六年一〇月現在では、約一億二七六八万人）の国内市場を、理論上はともかく、実質的にはいわゆる非関税障壁のもとに確保しながら、しかも自由経済のルールのもとに制限なく海外への進出を続けることができた。

日本の商社マンは海外のどこの国へでも出掛けていって、経済上の人種差別をあまり受けることなく参入し、あとからメーカーが事務所や販路を開くための手助けができた。資本も、国民の高い貯蓄意欲に支えられて、稀にみる成長を継続するための資金を国内で調達することができ、外国資本による国内進出を食い止め得たし、必要とあれば世界銀行から借りることもできた。

労働力の点でも、農村から都市への供給と、ベビーブーム等による若手人口の増加により、ドイツのように外国人労働者に依存することなく、質の高い、同一カルチャーを分け合う労働力を確保して、これだけの高度成長を持続し得た。

さらに憲法上戦争を放棄した日本は、軍備のために人材や税金を費やすことなく、ひたすら経済の発展のために、ヒト・カネ・モノの資源をつぎこむことができた。しかも、朝鮮戦争などで、特需の恩恵だけはしっかりと受け、経済発展の踏み台とした。そして、経済規模の巨大化した今となっては、GNP一％台の支出で、近代装備をそなえた無視できない戦力を保持するに至っている。

このように考えると、戦前の経済・国際環境の枠組みに比べて、いかに戦後の日本の企業が恵まれた環境にあったかがわかる。同じことを他のアジア・ヨーロッパの諸外国と比較してみても、これだけ条件の揃った一般企業環境というものはなかった。

この恵まれた環境の中で、わが国の企業はわがもの顔に成長することができた。

◉内部環境の素晴らしい調和があったこと

このように恵まれた外部環境の中にあって、日本の企業は幸せな発展を続けるための内部環境をうまく整え得た。終身雇用、年功序列という人事制度と、護送船団と呼ばれる官民の協調体制がそれである。

終身雇用と年功序列

「企業は人なり」という言葉があるが、この成長を内部から支えたものは、忠誠心が強く教育レベルも高い人材であった。企業が成長して組織が大きくなるためには、経験者に辞められたら困るため、年功序列や終身雇用制度が定着したのである（昔からの伝統ではない。戦前は解雇や転職がもっと自由であった）。

この制度は組織に参加する個人にとっても、大変好都合なものであった。マズローの欲求階層説（次ページの図参照）でいえば、組織に参加した時点で、食べることと安全の欲求が満たされる。さらに「××社の○○です」と自己紹介をすることで見られるように、社会的にも存在を認められる。勤続すれば次第に地位が向上するから、自我の欲求もある程度満たされるし、会社が成長すれば社会的なステイタスも向上する。

そしてそれが社会における人間の標準的な生き方（モデル）となると、その生き方をまっとうすることが「自己実現」であるかのように受けとられ、会社が人生設計の中核に座る。このようにして会社組織と個人の蜜月が生まれた。

さらに、この終身雇用、年功序列は社会風土の上からも受け入れられやすい制度であった。イザヤ・ベンダサンは「キャンペーン型農業」と呼んでいるが、稲作は水利の関係から、一村こぞって同時に水を引き、共同作業で田植えをすることが必要になる。

かつては人口の八割を占めた農民のほぼすべてが、梅雨時に全国一斉に、同じ「田植え」というキャンペーン行動をとったわけであり、社会全体に、「同じ」であることに安心と満足を感じやすい風土が存在している。四月の一斉定期採用、春闘がそうであり、入社後も、大会社では三〇代当初までは地位や給与にほとんど差をつけない。組合も「平等」の取り扱いを要求する。

6−3　マズローの欲求階層説

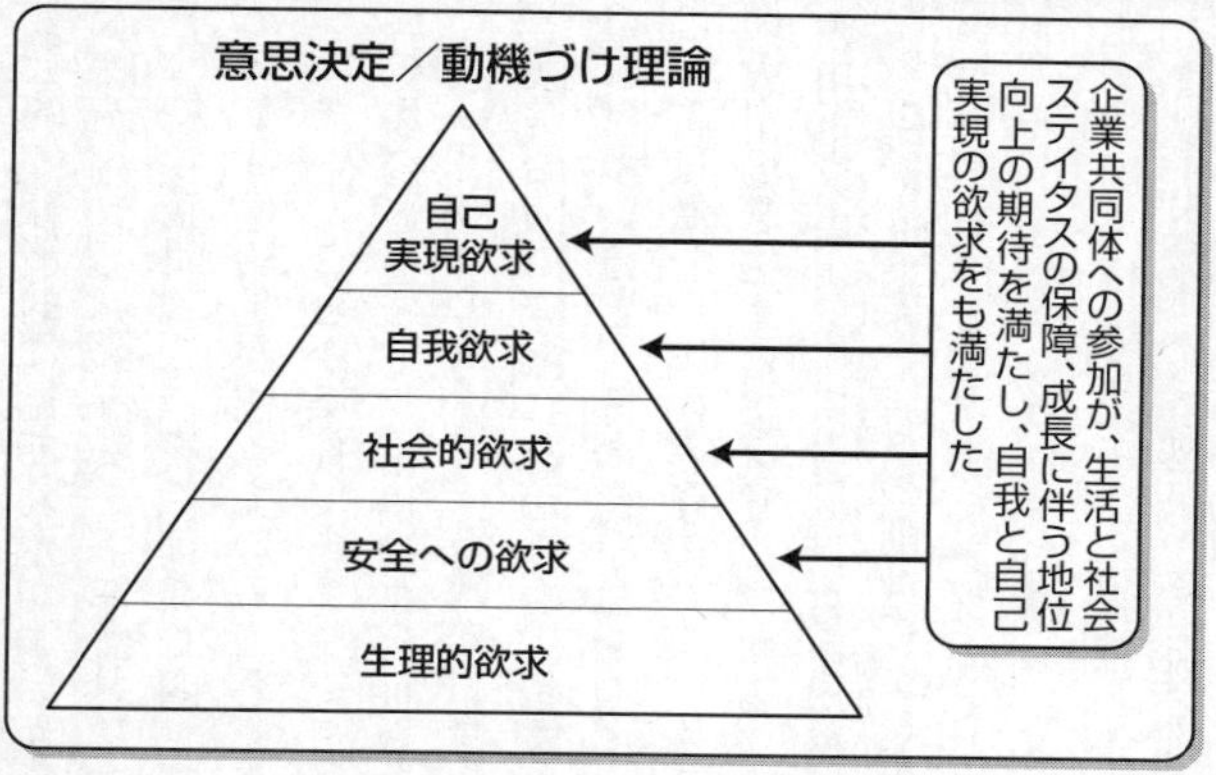

このようにして、「企業ニーズ」と「個人ニーズ」と「社会風土」のすべてが、「終身雇用・年功序列」の制度を支えるという、組織にとってきわめて幸せな状況が生まれた。

護送船団

このような内部構造を持つ日本の企業が、世界経済の紆余曲折のなかで、大きな破綻もなく成長を続けてこられた陰には、いわゆる〝護送船団方式〟という官民の協調体制があったことは否定できない。古くは傾斜生産方式に始まる支援や指導や規制の枠組みのなかで、成長と協調と競争とがこれほどうまく作用したことは、むしろ奇跡に近いとすら思う。

護送船団方式が正当化されるのは、そ

れが社会的・経済的に見て効率がよいからである。一隻で外洋を航海する輸送船を敵潜水艦からしっかり守ろうとすれば、一隻以上の駆逐艦が必要である。ところが、一〇隻の船団は二〇隻ではなく四〜五隻の駆逐艦で護送することができる。そのための条件は船足が揃っていること。足の遅い船も、必死の努力で落伍しないようについていくことが条件である。

船団の場合と違って、市場競争の世界（恋の三角関係のモデルを思い出していただきたい）に生きる企業には、外敵から身を守る前に、互いの競争が最大の関心事である。護送船団で守られながらも、企業は激しいシェア競争を止めない。だから数が多ければ多いほど、その競争は激しくなるはずである。日本で海外競争力の強い産業は、実は激しい国内競争の結果、そうなったものがほとんどである。

あの大市場を抱えるアメリカですら、ビッグ3しかいないのに、日本では九社以上の乗用車メーカー（トヨタ、日産、ホンダ、マツダ、三菱、富士重工、スズキ、いすゞ、ダイハツ）がしのぎを削ってよい車を作り、そのほとんどが海外に進出して販売チャネルを持ち、立派なブランドとして日本車の地位を高めているのはなぜだろうか。

また、外国ではほとんど二、三社しかないのに、成長期の日本では六社の巨大な鉄鋼一貫製鉄会社（八幡製鉄、富士製鉄、日本鋼管、住友金属、川崎製鉄、神戸製鋼）

があり、激しい設備建設競争、品質競争を行ったために、日本の鉄は世界一安く世界一高品質で、十分な供給量を備えて、「産業の米」として他の建設・製造業の競争力を支えた。海外に対しては、相手の国の産業を混乱させないように、数量を自主規制してかえって高い利益を得たし、技術輸出も行ってきた。

鉄や自動車以外にも、電器産業にしろ、エレクトロニクス・半導体業界にしろ、国内競争の激しい産業は輸出競争力が強いという結果を生んだことが指摘できる。

◉幸せな時代の終焉

この「日本の組織の幸せな時代」は、内部・外部の環境の変化とともに今まさに終わろうとしている。

まず、単一為替レートが変わり、日本の国際的なコスト競争力の優位が相対的に失われ、中国など開発途上国の追い上げもあって、いわゆる加工貿易の図式に変化が生まれた。国内市場も飽和状態に近くなって、大きな需要拡大が望みにくい上に、アメリカをはじめとする諸外国が、日本に対してきわめて厳しい要求――なかには理不尽なものも含めて――を突きつけ、それが通るようになってきた。膨れあがった行政組織の負担は、赤字国債となって将来の国民福祉へのツケを増やしているし、国際社会での役割が大きくなるとともに、防衛費の直接・間接（対米軍「思いやり予算」・イラクへの自衛隊派遣など）の増大も、その大きな一因をなすようになってきた。

技術についても、最先端に追いついた今となっては、リスクの少ない完成技術を、パテント料を支払って導入するというわけにはいかない。未知の新しい分野を含め、自力で開発しなければならなくなったが、これは当然大きなリスクを伴う。特徴的なことは、技術開発のコストが非常に高くなってきたこと。昭和三〇年代の技術開発コストは売上高の一％であったが、最近は三％近くに上っており、利益を圧迫するところまできている。

資源についても、最近は、エネルギーコストが相対的に高いという欠点が目立ち始めた。今は落ち着いているが、もしここで、次のオイルショックのような何らかの不連続の状態が起こると、かつての石油ショック以上のパニックが起こる可能性がある。高エネルギー消費国となった現在、「資源を持たざる国」であることの不利は、潜在的にはこれまで以上に、わが国経済の重大なアキレス腱となっているはずである。

さらに長い間、日本の組織に「安定と成長」をもたらしてきた終身雇用制度は、最近のリストラブームで根底から揺るがされようとしている。企業が安住の地でなくなると、従業員の忠誠心にヒビが入り、今までのような献身的な努力が期待できなくなる危険性がある。有能な若者ほど、その心配が強い。そのうえ、人口構成は釣り鐘型となって、世界にも稀な高齢化が進むとともに、三〇歳人口二〇〇万人に対し一歳人口一二〇万人というような少子化に伴い、将来の労働力の不足と働き盛り人口の税負担の増大（現在の赤字国債に上乗せして）が心配されるに至っている。

◉蓮の葉の教訓

しかし、わが国の組織の問題は、そのような目に見える与件の問題よりも、もっと深刻なのではないか。かつて英国病という言葉があったが、ありあまる外貨準備を抱えながら、このままでいくと、二〇一〇年から二〇二〇年頃には、それも食い潰し、「日本病」という言葉が、世界でささやかれるようになるのではないか。その疾患が日本の組織制度の深いところに巣喰い始めているのではないか。私は心配でならない。

組織は、その中から見る限り、

(1)組織をとりまく環境と組織自体の体質の変化に気がつきにくい

(2)変化に気がついても、組織自体が一つの制度であるために内部からでは対応が難しい

という宿命的な課題を抱えている。したがって、組織の変革は常に後手後手に回

りやすく、よほど先のことを考えて先手を打ったつもりでも、実効のある施策を打つタイミングが遅れがちであることを認識しておかなければならない。

ローマ・クラブの流れを汲むグループの著作、『限界を超えて』（ドネラ・H・メドウズ著、ダイヤモンド社）に、フランスの子供たちの次のようなナゾナゾ遊びが紹介されている。

「ある池に睡蓮が生えて、その数は毎日二倍に増えます。もし放置すると一カ月（三〇日）で池を埋め尽くし、水中生物を窒息死させてしまいます。池の半分を覆ったところで気がつきましたが、それは何日目のことでしょう」

日ごとに倍増するのだから、半分覆ったときは最後の日の前日、すなわち二九日目であり、池を救うためにはあと一日しか残されていない。二五日目でさえ、全体のわずかに三％しか覆われていないのである。

ある環境や状況が変わって表面化したとき、それに対処しようと意識して行動し始めたときには、手遅れになりがちな理由はここにある。目立つほどの状況の変化と対応の不都合が自覚されたときには、真の要因、諸条件は、とうに限界を超えてしまっている場合が少なくない。

世にリストラが叫ばれ、人員削減が取り沙汰《ざた》されているが、人事圧力も、巨大黒字による通貨問題も、何も今に始まったことではない。ニクソン・ショックの頃

6−4　蓮の葉の理論

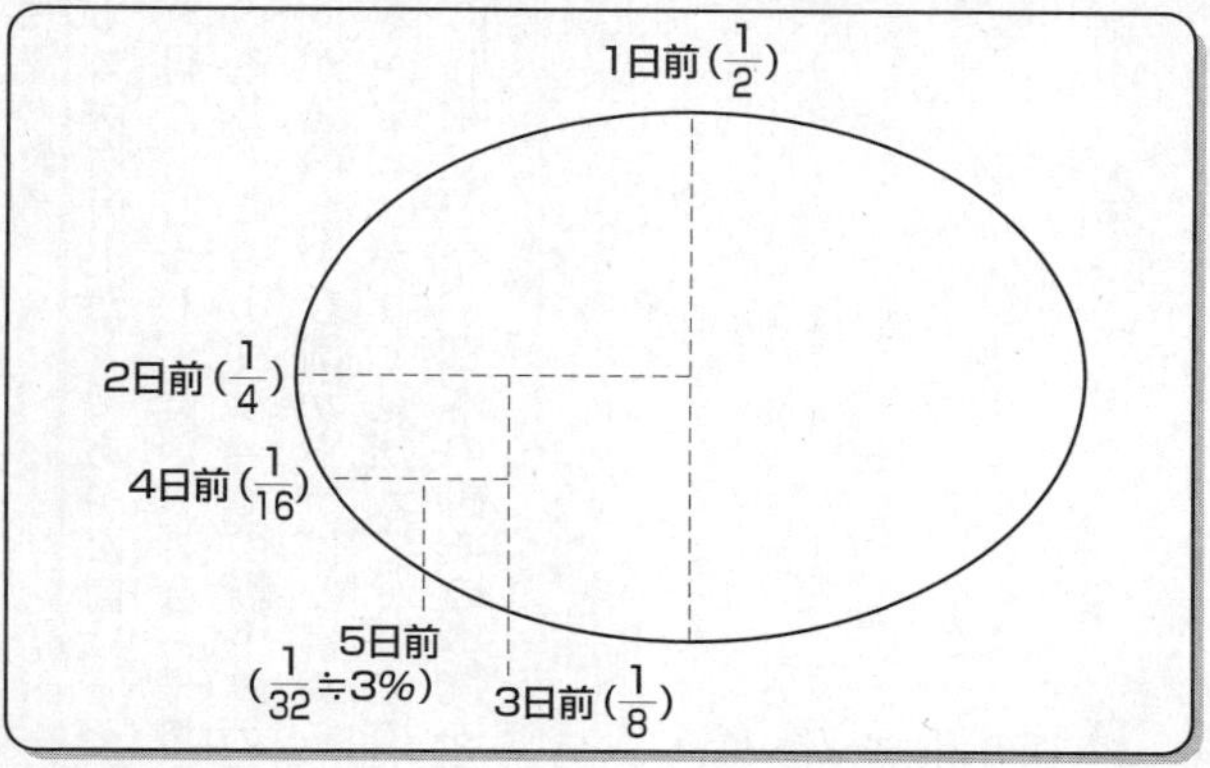

（一九七三〜七六年頃）の経済誌をみるとよい。

人事問題も余剰外貨も、バブル以前からこうなることはわかっていた問題である（それにもかかわらず、リストラブームのわずか一年前には、パイオニア社でたった一人の管理職が解雇されたことをきっかけに、雇用ルール違反の重大な問題として、各誌がさんざん取り上げたことを、ご記憶の方も多いと思う）。

これまでの日本の企業と社会のビヘイビアを顧みると、戦後のわが国の経済界の歴史は、一時的な不況や苦境に立つたびに大さわぎをし、緊縮に走り、行政の支援を求め、少し好調になると、前回の不況はケロリと忘れて、また拡大を目指す、というパターンの繰り返しであったように思われる。

ベースが右肩上がりであった間は、それでもよかった。少々の失敗は次の好況で救われ得た。しかし、経済・社会・環境などの根深いところで本質的な変化が起こっていると、このような「その場主義」の対処策は、命取りになる。

我々が蓮の葉の教訓から学ばねばならないことは、表面の現象の裏で何が起こっているかをしっかりと見据えて、将来のために正しい舵取りを行うことである。

その意味で、今、日本の組織の奥深くに何が起こっているかを考えたい。

POINT 2

日本の組織の根本課題

日本の組織の課題は、組織自体の問題、組織を構成する個人の課題、背景となる社会環境条件の課題の複合の産物である。ある意味では「幸せな時代」が、企業組織の要請と、個人の要請と社会的背景がうまく調和して生み出されたものであることの逆とも言えるが、そこにはもっと根深い進行性の病患が巣喰っていると考えられる。

◉阪神大震災に見る組織の課題

ある親しい経営者から聞いた話である。阪神大震災のあとで、天気予報から天候悪化を懸念した某社では、自主救援活動の一環として、苦心の末いく張りかのテントを被災地に運び込んだそうである。それを各学校の校庭に仮設しようとしたら「待った」がかかった。学校の敷地は校長の管理下にあるが、学校側は、「学校内に本来の教育目的以外の施設を建てるには教育長の許可が必要だ。あとで問題になると困るから……」と、軒並み断ったというのである。

「なんと融通がきかない」とあきれるばかりであるが、ことは非常時の判断である。権限や指揮系統の問題は深刻である。自衛隊が当初から全力出動していたら焼け死なないで済んだ人、壊れた建物や瓦礫の下から救い出されたであろう人は、千人の次元ではあるまい。事後になって、自衛隊は待機していたのに県知事の要請がないから出動できなかったとか、手続きを踏まなければ要請ができないとか、権限があるとかないとかの議論があったというが、これでは問題の本質の解決にはならない。

「行政の目的」は、「国民の生命・身体・財産を守り、福祉を増進し、危機を未然に防ぐ」ことにある。首相も大臣・長官も、知事も自衛隊も教育長も、最終目的としては、国民の生命・身体・財産・福祉のために存在している。各省庁・各部課に機能が分かれているのは、機能分化によって専門性を高め、効率よく目的を達するためであって、権限分割により本来の目的の達成を阻害するためではない。

組織の病理は、機能分化の結果として、機能相互間の連携が失われ、組織の最終目的が正しく認識・達成できなくなることである。どこかのコラムで読んだのだが、かつて新潟地震（一九六四年六月一六日発生）の際、当時通産省の役人として工業用水課にいた堺屋太一氏は、生活用水の給水などのために、消防ホースをつないで、給水を行った。効果は絶大であったが、事後に、各自治体消防関係者から、

「通産省の域を超えた越権行為である上、ホースの破損も著しかった」としてお叱りを受けた、という。先の校長方の行動様式と軌を一にする考え方である。「あとで問題になると困るから、目の前で人が焼け死んでいても救済できず、雨が降るのにテントが張れない」のでは、行政組織が何のために存在するのかわからない。

この大震災時の行政組織と、人と、社会全体のビヘイビアは、日本の組織が潜在的に持っているもろもろの病患を、震災という特殊な状況の下に拡大して示しているように、私には思われる。ここには、のちに述べるように、組織機能の問題ばかりでなく、情報の問題、自由度の問題、人の心や行動能力の問題、社会全体の価値観や共同体意識の問題など、いろいろな課題が輻輳している。

阪神大震災の教訓から、活断層という言葉が常識となり、震度表示が見直され、高速道路の橋脚が補強され、家屋の耐震構造や診断のポイントが流布された。行政でも、危機管理マニュアルの策定など対策が打たれた。しかし、マニュアルや体制の見直しだけで「組織における人の行動」が変わるものではない。

先のＪＲ西日本福知山線の脱線事故は、この問題を極端なまでに暴露した事例であろう。人災のプロセスを冷静に直視し、「何をどうすべきであったか」をきちんと整理して、組織や人の行動指針について本質に沿った検討がなされていないからである。報道も情緒的な側面ばかりを強調し、聴衆もそれに同調してしまうからである。

それでは、わが国の組織の抱える根本課題を以下、「組織自体の課題」「個人の課題」「背景となる社会の課題」に分けて、考えてみよう。

1 組織自体の課題

組織には宿命的に、いわゆる大企業病という言葉やパーキンソンの法則に見られるように、常に警戒しなければならない老化現象がある。日本の組織においては、その上さらに年功序列、終身雇用や護送船団方式が、組織の環境適応能力、目的達成能力を低下させる危険性を増大させている。我々は、常に組織の若返りの工夫を続ける必要がある。

◉大企業病の課題

近代組織は、その目的を効率よく果たすために、組織をいくつかの専門機能に分かち、ピラミッド型に権限と責任を委譲し、統括して、全体が一つの有機体として活動することを期待されている。組織の病理とは、多くは機能分化の結果として、機能内部の最適化を追求する過程で、機能相互間の連携が失われ、組織全体の最終目的が正しく、効率よく果たせなくなることである。

この「組織の病理」は、組織が巨大になればなるほど現れやすい。パーキンソンの法則によれば、組織は常に肥大する傾向を持つものであるが、問題は、肥大するためにコストが上がることだけではない。

「大企業病」という言葉に代表される、巨大化し機能分化した組織の中では、セクショナリズムがはびこり、内部手続きは複雑化して、意思決定が正しくなされない／時間がかかるという問題が起こる。

しかも、こうして内部が硬直化するばかりでなく、大組織の力を利用して、外部環境自体を硬直化した企業体質に合わせて変えようとするようになる。世のニーズに合わせて資源を集め、価値を提供し、環境の変遷に応じて組織のあり方自体を変えていく、という機能組織本来の柔軟性が失われ、「組織の要請」を逆に社会に押しつけるようになる。

価格破壊はけしからんといって規制したり、カルテルで価格維持をするのは、世の経済ルールを企業組織の要求に応じて変えようということであり、本来の組織と社会のあり方が逆転したことになる。

その結果は、ある日突然ギャップがあまりに大きくなって、組織の存立が危うくなることにつながりかねない。

実は、外部環境に働きかけてそれを自己のデザインのもとにある程度変形するのは、権力の仕事（大衆に指示される限りで、それは許される）であるが、企業組織が、経済行為として、あるいは行政の力を利用してそれを行うことがある、ということには注意を要する。もしそれが、企業存立の本来の目的である「市場に効果的に財とサービスを提供する」ことと大きく矛盾するようになれば、社会にとって問題である。

◉日本的経営と大企業病の接点

日本の組織の幸せな時代を築いた「終身雇用・年功序列」という制度は、「企業一家」などの言葉が示すように、定義からして母体はゲゼルシャフトでも、内容はゲマインシャフト（家族）の要素を多分に含んでいる、と言うことができる。そしてそのゲマインシャフト構造が、先に述べたように、構成員の欲求を高次元で満たし、会社が国内および世界の市場を開拓し、新しい技術を導入・開発し、安くて高品質の製品を大量に生産して、息の長い高度成長を遂げる上で、きわめて有効であった。

ゲマインシャフトのよき特徴である「価値観の共有、共同作業のチームワーク、高い忠誠心」が、企業というゲゼルシャフトの目的追求能力、環境適応能力を高めてきたといえる。

このように会社（ゲゼルシャフト）が、活気をもってゲマインシャフトの特性を取り込んでいるときは、この組み合わせはうまく作用する。しかし会社の勢いが衰えてくると、ゲマインシャフトの逆しばりが、会社のゲゼルシャフト本来の機能を大いに阻害し、大企業病を急速に進行させる危険性が生まれてくる。

「終身雇用・年功制」という制度は、ゲゼルシャフトの立場から見ると、組織側が大きな犠牲を払って成り立つ性質のものである。本来なら、組織の構成員は、組織の都合により取捨選択されるべきもの、非平等が当たり前の流動的な存在でなければならない。この組織の根本原理がゲマインシャフトのそれの逆しばりを受けていると、ただでさえパーキンソンの法則で肥大しやすい組織がますます下方硬直的（簡単に大きくなるが、絶対に小さくならない）になる。

下方硬直的になった組織は、コストが膨れ上がるうえに、本来の目的であるアウトプットに時間がかかることになる。そうすると競争力が劣るため、競争社会であればその組織は落伍・消滅する運命にあるはずであるが、わが国ではそうはならない。護送船団方式の作用である。

この大企業病と業界の護送船団方式が結びつくと、企業は活力の源泉である「競争」を止めてしまう危険がある。そして、業界協調が、コストやシェアや顧客満足よりも優先する当然の帰結として、業界ぐるみの協調による対外支配力を発揮するようになる。価格、受注慣行、販売ルートの支配、参入妨害等の有形・無形の競争への制約が生まれる。これが容易に行政と結びついても不思議はない。場合によっては、腐敗につながり得る。

これでは、国際市場での競争力の強化や、国内市場での顧客・国民の満足につながらないことは明らかである。だが、それを内部から改革する動機づけが見当たらない。万人が、日本の組織の幸せな時代を肯定してきたからである。

このようにして、外圧による脅威が迫るとか、何かの破綻が引き金になって思い切った手術が行われない限り、新たな活力が容易に生まれない事態となる。建設・その他の業界の不振・不透明や、証券・金融業界の諸問題など解決しなければならない課題の山積は、私にはゲマインシャフトとゲゼルシャフトが一致しやすい日本型企業社会への大きな警告と映る。

日本的な経営の良さや強みを全否定するつもりは全くない。事情は業界によっても個別企業によっても千差万別のはずである。日本的経営の良いところは良いところとして、しっかりと評価しながら、なおかつ企業にとっての絶対の存在理由である顧客に対する価値提供能力と、変化する環境に、生き生きと対応する活力をよみがえらせて、新しい時代に備えるために何をすべきか、真剣な努力と工夫が必要である。

Column ❹

パーキンソンの法則

パーキンソン（Cyril Northcote Parkinson 1909～1993）は、イギリスの社会学・政治学者である。彼は、イギリス海軍や植民地省の調査から、「官吏の数がなぜ多いか、会議の運営や決定はなぜうまく進まないか」を研究し、一九五七年、ロンドン「エコノミスト」誌に論文を発表した。いわゆる「パーキンソンの法則」である。

彼によると「役人の数は、なすべき仕事の量に関係なく、一定の割合で増加する」という一般則が成立する。この背後には、三つの原理がある。

(1)役人は常に部下を増やすことを望むが、自分の競争相手を作ることは望まない

(2)役人は相互の利益のために仕事を創り出す

(3)組織が大きくなると、その組織を運営するための新しい仕事が増える

彼はさらに会議の効果について、

(1)会議の決議においては、中間派の票が最終的に重要である(中間派の理論)

(2)財政の一項目の審議に要する時間は、その項目の支出額に反比例する(凡俗の法則)

(3)委員会の定数は五人が理想的だが常に増加し、二〇人を超すとうまく機能しなくなる

などの観察を挙げている。

その後もパーキンソンは数々の著作の中で、現代社会における行政組織や企業の中の諸現象をとらえて、次のような社会生態学的法則を発表している。

「金は入っただけ出る性質を持つ(パーキンソンの第二法則)」(年度末になると予算消化のための道路工事が増え、交通渋滞が起こることを思い出していただきたい)

「拡大は複雑を意味し、複雑は腐敗を意味する(第三法則)」

「ある組織の立派な建造物の建設計画は、その組織の崩壊点に達成され、その完成は組織機能の終息を意味する」

などがこれである。

この「パーキンソンの法則」は発表と同時に大きな反響を呼び、官僚組織の問題としてのみならず、企業を含む現代社会における「組織の共通の課題」として理解され、一九六〇年代後半に大いに議論された。わが国においても一九七〇年代、ニクソン・ショック後の不景気の頃には大いに論じられ、一時は流行語にな

るほどであった。蓮の葉はその頃から繁殖していたということであろうが、最も必要な現在、忘れられているということは、どうしたことだろうか。

2　個人の課題

組織が大企業病に侵され、環境適応能力、効率的な目的達成能力が低下した、ということは、実は「人が育たなくなってきた」ということと同義語である。わが国の経済発展が、優秀な人材に負っていたことを否定する人はいない。その「人材」が、経済の発達した豊かな社会の中で育たなくなるというメカニズムを理解したい。

◉適者ばかりの世界

前項で、組織が巨大化すると組織の環境への適応力が衰え、逆に、組織の要請を社会に押しつけるようになることを述べた。その結果、環境と組織のギャップがあまりに大きくなって、ある日突然組織の存立が危うくなることにつながりかねない。

実は、組織の中の個人についても同じことが言える。徳川幕府という一つの組織の例を考えてみよう。

徳川二七〇年、幕府に仕え、家禄をもらってきた旗本たちにとって、唯一最大の職務があるとすれば、それは将軍の旗の下で将軍を守ることにあったはずである。それが、組織の危機においてどのように機能したか。

文久三年（一八六三年）、一四代将軍徳川家茂が、公武合体の実をあげ幕府の権威を取り戻すために、上洛を決意したとき、将軍を守護するために京都に駆けつけた旗本はいなかった。皆、「役目がござる」のであった（その役目は、門番であったり、他人の監視であったり、お庭の管理であったりする）。

このとき尊王攘夷が渦巻く京都で浪士の活動を抑え、将軍の身辺を守るために組織されたのは、多摩の農民、近藤勇が率いる新撰組であった。そして、京都の治安を維持するために、親藩の中では最も質朴で土俗臭の強い会津松平藩を京都守護職に任命せざるをえなかった。

代々将軍からの禄を食《は》み、八万騎もひかえていながら、そして、ことの必要性は誰の目にも明らかでありながら、その中からすべてを放擲《ほうてき》して、将軍のために西下しようというものが現れなかったのはなぜか。

組織間のいがみ合いから牽制し合ったわけではない。リーダーシップも含め、皆本来の職務の達成能力がなくなっただけのことである。

恐ろしいことは、この旗本たちは二七〇年間、幕府組織内で精神から立ち居振舞いに至るまで訓練・教育され、組織内で機能し優遇されてきた「適者」であるということである。最も適した人間たちが、組織本来の目的を全く果たすことができなかったという事実である。

これは、現代に通じる課題を内包していると私は思う。現代の日本の組織においても、成長期の勢いのよかった時代の成員の参加意識と比べてみると、今は組織に対する参加の基本姿勢が変わっており、その背後に、組織が巨大化し、機能が分化して内的手続きが発達すると、そのような部分手続きをマスターした「適者」ばかりが再生産される、というメカニズムが働いている。この適者製造のプロセスの中で、どのように基礎能力が失われていくかを次に考えたい。

◉個人の能力の低下

第二次世界大戦の日本軍の捕虜虐待について、アメリカ人がよく引用する話に、「バターン死の行進」というのがある。日本軍が、米兵に隊列を組ませ、炎天下のバターン半島をマニラまで行軍させ、その行軍に耐えられず米兵多数が死亡したという話である。これがため、東京裁判で本間中将以下多くの死刑者が出た。

この、米兵から見れば疑いの余地のない話を、日本側当事者から見ると、「歩いたのは米兵ばかりではない。同じ道を日本兵も歩いた。彼らは軽装で手ぶらで歩いたが、我々は、その両側を鉄兜と背嚢《はいのう》と、重い銃を担いで戦闘装備で歩いた。日本兵で倒れたものは一人も居らん。虐待は、言いがかりだ」ということになる。

この見解の差の原因は、実は自動車にある。アメリカでは、すでに一九二〇年代にモータリゼーションが始まり、長距離の移動には軍隊でも車両が常識化していた。かたや、日本兵にとっては日清・日露の戦争以来、ノモンハンでも徐州でも満州でも、戦争といえば歩くことが常識であり、広大な支那大陸を行軍した。平素から「行軍」は必須の基礎訓練項目であった。

この話は笑えない事実を含んでいる。同じ日本人に対して、今もし、同じ条件で行軍を命じたとしたら、交通手段の発達した生活に慣れたかの日本兵の子孫たちにとって、バターン半島は「死の行軍」の場所であり、虐待の地獄となること必至だからである。

もちろん個人個人の能力をみると、学力であれ、パソコンなど機材を活用して情報処理する能力であれ、現在の組織構成員が昔（例えば昭和二〇〜三〇年代）の構成員の能力に劣るということはない。しかし、体験の幅、適応能力、という点になるとどうか。

組織が小さく、社会のシステムが十分に整備されていなかった昭和二〇年代には、組織構成員一人の活動の範囲は広く、いろいろな状況に柔軟に対応することが要求された。

昭和二〇年代頃の営業課長にとっては、クレームがあれば飛んでいって修理し、陳謝し、工場と代替品を早く納める折衝をし、材料が不足すれば外注先に出向いて、部品納期を早める交渉までして顧客関係を作ることが当たり前のことであった。成長期の仕事は、何もかもが新しいことばかりであったから、みな決死の覚悟で腕捲りして仕事をしてきた。

ところが現在は、クレームは女性事務員が受けて、外部の修理専門子会社に伝票を発行することで始末してしまう。営業担当は重大なクレームでもない限り、クレームの事実を知らない場合すらある。そこでは、新しく創る仕事は少なく、前任者を見てマニュアル通りに行動すれば、大過なく過ごせる。つまり原体験が欠如したまま、与えられたシステムに適応することが仕事となるから、どうしても本来持つべき足腰が弱くなりがちである。

◉ゲマインシャフトの行動様式

この問題は実は単に組織の巨大化や機能分化だけが原因ではない。日本の強味であった、「忠誠心の高い企業人の行動様式」の中に、「甘えの構造」が芽生え、定着することによって、この傾向が助長されている。

テンニエスによると、ゲゼルシャフトの中で人の行動を律する行動原理は「利益追求・規約・緊張の状態」であるのに対し、ゲマインシャフトの行動原理は「好ましきものを求める意思（Geffallen）、習慣・安定・記憶」であるという。江戸期の農村組織が、どのように運営されていたかを考えるとわかりやすいであろう。

このゲマインシャフト型の行動原理が、企業組織の中に持ちこまれるとどうなるか。右肩上がりの成長経済の中で、基本的に拡大傾向を維持している間はよいとしても、組織の成長が止まり、大きな環境変化に応じなければならなくなったとき、その行動原理がどう作用するか。組織存立をゆるがす組織自体の改廃も含め、従来の習慣を覆し、安定をゆるがすような「個人にとっては好ましくない」ことを、阻止しようという行動を呼びさますであろうことは、容易に想像できる。しかも日本の企業の強味であった「構成員が組織内で満足している」ことが、逆に組織の改革を困難にするし、部下や周囲に頼って仕事をする「甘えの構造」がはびこることになる。したがって「よい人だが、一歩組織の外に出ると何もできない」人が、年功によって責任ある地位につくことになる。これがさらに企業組織の機能をさまたげ、外部への適応力を減殺することになる。

成長期においては「大量に、品質の揃ったものを生産する」ため、組織内の行動の標準化を進める上で、日本型ゲマインシャフトの行動様式がプラスに作用した。

しかし成長がとまり、新しい変化が求められる時期にゲマインシャフト的な行動様式と管理社会の組織原理が癒着すると、管理しやすいように人の均質化、規格化がすすんで、それが個人の思考過程や発想の内容にまで及ぶ可能性がある。由々しき問題である。

◉リーダーシップの危機

組織の揺籃《ようらん》期から成長期にかけては、組織内の行動規範がいまだ固まっておらず、組織の対外との折衝も流動的であり、さらに組織自体の成長から来る余裕もあって、組織人のビヘイビアに対する規制は少ない。リーダーであれ、フォロアーであれ、非等質分子への許容性が高く、特異な能力があれば、それ自体が評価される。

例えば、わが国のコンピュータ業界の恩人とも言われる富士通の（故）池田敏雄氏（二四〇ページのコラム参照）の行動や業績を見ると、氏のような存在が許され、腕を振るい得たことは、組織が小さくトップの目が行き届き、成長する過程だから

6−5　非等質分子への許容性

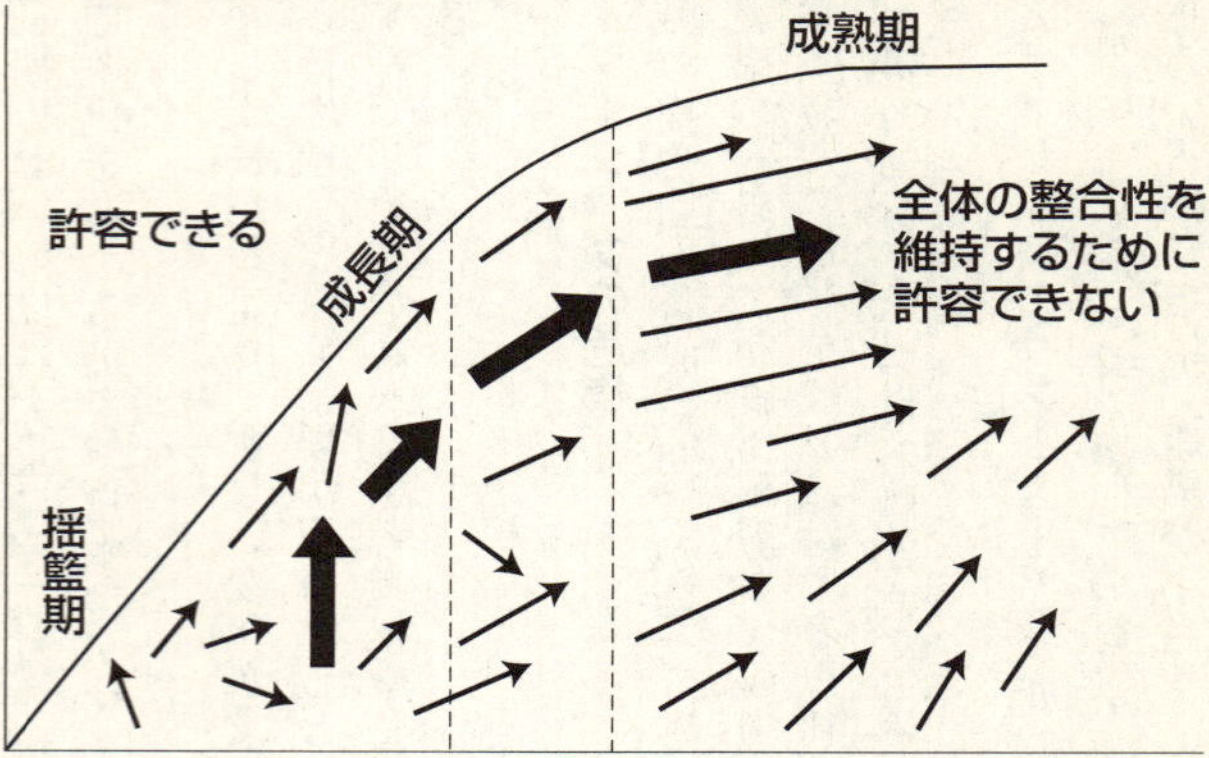

こそ可能であったと思わないではいられない。

しかし成熟期以降、組織の内的秩序が優先されてくると事情は変わる。組織全体の整合性を維持するために、異質な行動は排除され、創造より管理の理論が優先されてくる。そこでは池田氏のような異才がリーダーとして育つことは難しいだろう。

組織の成熟期にまさに必要となる新しいブレークスルーを目指すリーダーシップは、画一的な発想や行動様式からは生まれない。それどころか、そこではフォロアーシップもまた、指示に従って画一的な行動をとることではない。

革新には新しいことを実行することに伴う、予期せざる事態がつきまとう。それに対処するには、リーダーもフォロアーも含むチーム全体としての画一的でない自発的な思考力を必要とする。そのような個人の発想や工夫が重なって初めて、組織全体としての新しい行動の成果が実る。

ホンダでは、創業期に、本田宗一郎氏にスパナで叩かれなかった幹部はいなかったという伝説があるそうだが、そこには激しいやりとりも感激も涙も葛藤もあり、それだからこそ新しいものを生み出すための、「共通の目的に向かって努力する」真のチームワークが生まれた。

組織の成熟期において新しいブレークスルーを生み出すものは、実は既存の組織のパラダイムに縛られない、規格化されないリーダーシップとフォロアーシップのチームワークである。それがまさに必要とされているときに、それを生み出す土壌が欠如しているという自己矛盾が、成熟期のわが国の組織の問題である。

Column 5

池田敏雄氏の業績

（故）池田敏雄氏（富士通）は、わが国のコンピュータ技術を語るうえで忘れることのできない巨人である。

わが国のコンピュータ技術が今日のレベルに達したのは、氏に負うところが大きいし、IBMを相手に、日米間の交渉に決定的な役割を果たした人でもある。しかし、氏の事績を聞くにつけ、このような人が今後、わが国の組織の中で生まれ、存在を許されるかというと、疑問だと思わざるをえない。

氏は天才にありがちな奇人の面を持っておられた。会社に通う姿は、背広にバスケットシューズであった。富士通として初めてのコンピュータモデルを旅館に泊まり込みでチームで開発したときは、氏は鍵となる回路部分を担当したが、他の部分がほぼできあがった頃、同僚が氏の部屋をのぞくと、氏は嬉々として異なった回路の図を何枚も書き散らしている。氏は回路にいろいろな考え方と種類があること自体に夢中になり、回路の種類の研究に没頭して、製品として完成させるというチームの作業を忘れてしまったのである。

そのうちに会社には滅多に顔を出さ

ず、家で仕事をするようになる。連絡のために部下が訪ねていくと、ゴム動力の模型飛行機の製作に夢中で一生懸命木を削っていたこともあったという。

しかし、成長期にあった若き富士通は、コンピュータの設計と技術上の見通しにかけては氏の天才性を信じ、氏にすべてを賭けた。他の通信機器部門などからの批判をよそに氏の意見を重んじ、氏の働きやすい環境を提供し続けた。

やがて氏は富士通のみならず、他のコンピュータ各社や通産省(当時)などに対しても実質的な指導力を発揮するようになる。そして氏の存在は、アメリカでもよく知られ、IBMを向こうに回して、しのぎを削る戦いを開始する。その上で、市場での製品の普及の点から、将来のためにIBM互換機の路線を歩むことの必要性を感じて、日米交渉の技術面での決定的なリード役を果たす。そして、交渉の成った直後に病に倒れたのである。

わが国のコンピュータ産業がまだ揺籃期にあった頃は、このような天才・奇人が存在を許された。

氏の才能が他と隔絶しており、コンピュータの未来が巨大な可能性を秘めていることを万人が認めていたからであろうか。

3 社会の課題

以上述べてきた組織内部の問題、構成員である個人の問題が山積している上に、日本の組織は「内外経済のアンバランス」と長期的には「若年労働力の不足と高齢化」という組織外からの圧力を今後は深刻にうけとめなければならないことになろう。今までの幸せな時代がそうであったようにいつまでも等質的で流動性のない安定社会を続けることには、無理があると思われる。

◉バランスの崩れた経済構造

二四四ページ上段の図は、わが国の一九七〇年代以降の外貨準備高の推移を示すものである。戦後長い間の一ドル＝三六〇円のレートが一挙に二〇〇円台になったのは一九七三年のことであったが、この頃から、わが国は急激に国際経済の中に占める役割を拡大してきた。

これを外貨準備高の推移で見てみよう。一八七五年頃にはせいぜい一三〇億ドルであったものが、バブル直後の一九九一年には八〇〇億ドル弱、バブル後の不況時の一九九五年に一八五〇億ドル、二十一世紀となった二〇〇一年三月には三六〇〇億ドルを超え、二〇〇五年三月にはついに八四〇〇億ドル（世界第一位、一九七五年レベルの六五倍、九五年の一〇倍、邦貨換算約九〇兆円）に達している。我々は、このような加速度的な変化に対しては、もっと警戒心を持たねばならない。世界経済を動かしている米国のドルたれ流し政策は、どこかで限界に達する筈である。

さて、国際収支で見る限り、きわめて強力なわが国の経済は、実はとんでもない時限爆弾をかかえている。二四四ページ下段の図は、わが国の最近一〇年間のＧＤＰと国の負債の推移を示したものである。一九九五年度末のわが国の負債総額は三二六兆円であった。それが二〇〇〇年度末には五三六兆円となってＧＤＰ（国内総生産）を上回り、二〇〇五年度末には八八〇兆円を超える見込みである。そればかりではない。「隠れ借金」とも言われる特殊法人などが発行する政府保証債務は六〇兆円、地方自治体の借金は二〇〇兆円を優に超えており、これらを合計した国と地方の借金の総額は軽く一〇〇〇兆円を超える。

一〇〇〇兆円の借金とは、ＧＤＰの二倍、国民一人あたりに換算して約八百万円、三人家族あたり二四〇〇万円の負担ということになる。現在は低金利であるからまだしも、もし金利が上ればその負担だけでも耐え切れない額である。

この財政破綻は、この一〇年間に仕込まれたと言ってよい。目前の都合・現在の運営だけにとらわれ、長期の視点を欠いた国家運営の負担を我々は高齢化のすすむ次の時代に押し付けている。

6−6　わが国の外貨準備高

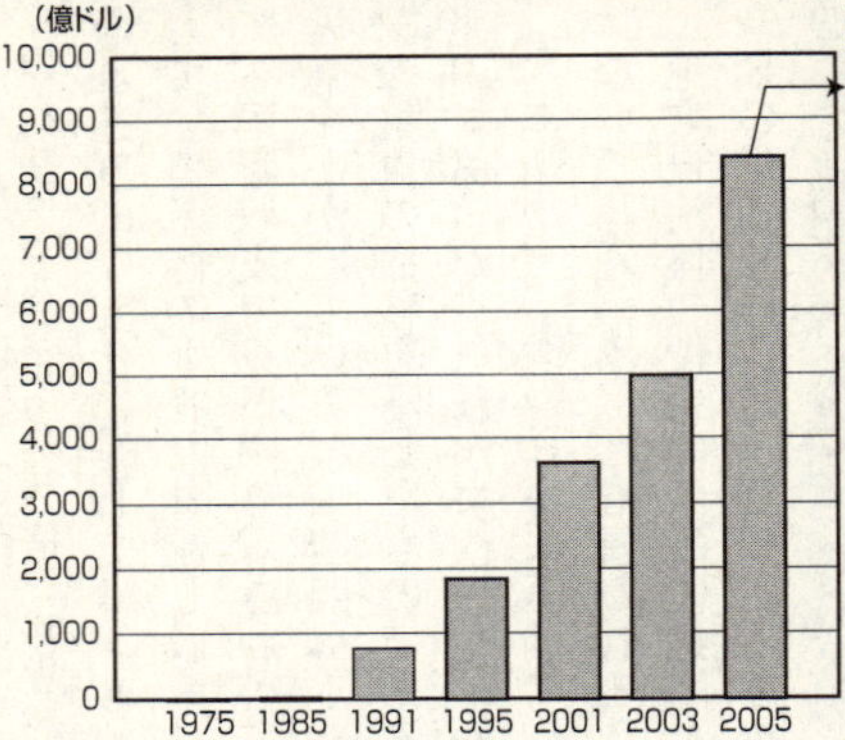

参考　国別外貨準備高（億ドル）

第1位	日本	8,410
2	中国	6,099
3	台湾	2,427
4	韓国	2,002
5	インド	1,297
6	ロシア	1,283
7	香港	1,247
8	シンガポール	1,128
9	ドイツ	972
10	米国	854

6−7　GDPと国債の借入金残高の推移

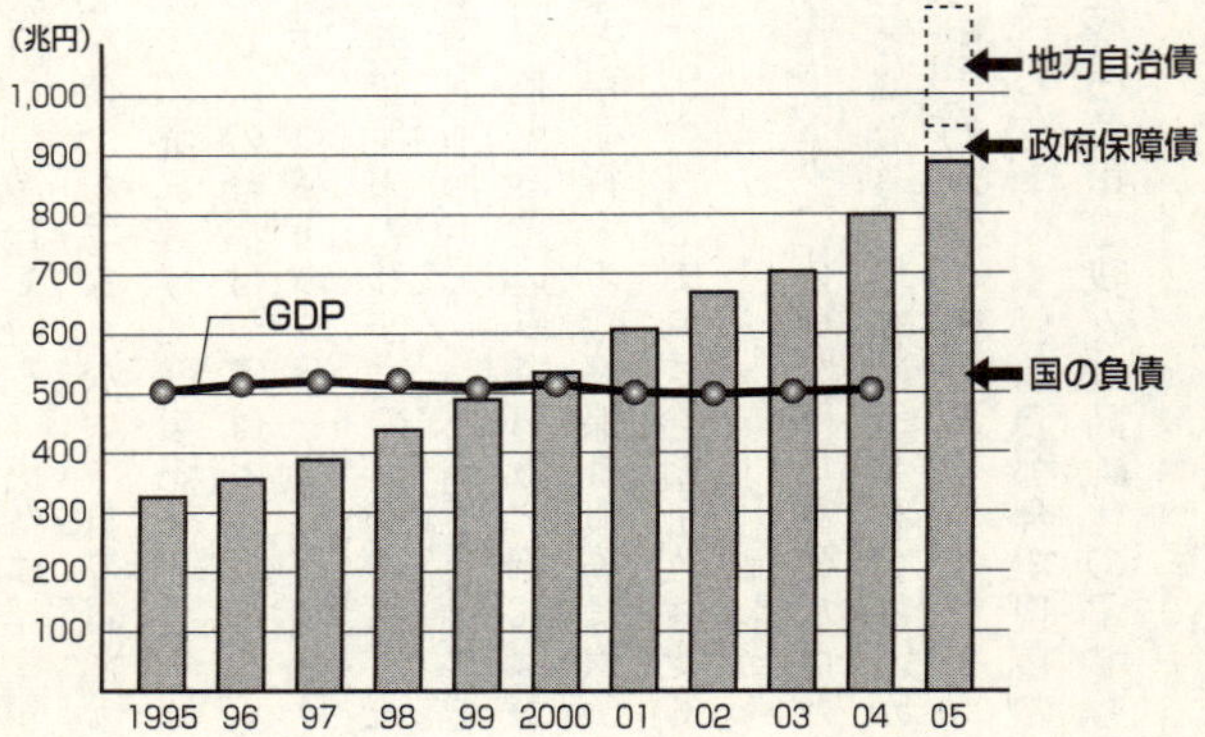

（注）外貨準備高の増加は、わが国のみでなく、中国、台湾、韓国等、他のアジア諸国で急激に拡大している。

◉労働人口の不安

日本の企業環境についての不安材料は、このような外部の経済環境ばかりではない。次世代を築くべき人材資源の不安は、もっと根深い課題かも知れない。

次ページの図のように、わが国の人口構成は、現在では典型的な釣り鐘型を示している。ピークの三〇歳が約二〇〇万人に対し、一歳が約一二〇万人と六割に減少する。これは、将来の経済の基礎である労働力不足の課題を感じさせる。

労働力が不足すれば、おそらく外から（外国人労働者を）補うほかはない。すでにバブル期には、その兆候が見られ、在日外国人は一九八五年の八五万人（戦後からの在日韓国・朝鮮人六五万人を含む）から、一九九一年には一二〇万人を突破した。

その間、外国人不法就労者は八五年の二万人（推定）から、一九九二年には四〇万人（推定）を突破したと言われている。この数字は、バブル後の経済低迷でやや沈静化してはいるが、この問題（労働力不足、外国人労働者の流入）は、やがてもっと大きな課題になってわが国の経済社会のデザインに影響を与えるはずである。

その点では、わが国に先立ち戦後の急速な経済成長から、一九六〇年代に早くも

6-8　2004年の人口ピラミッド

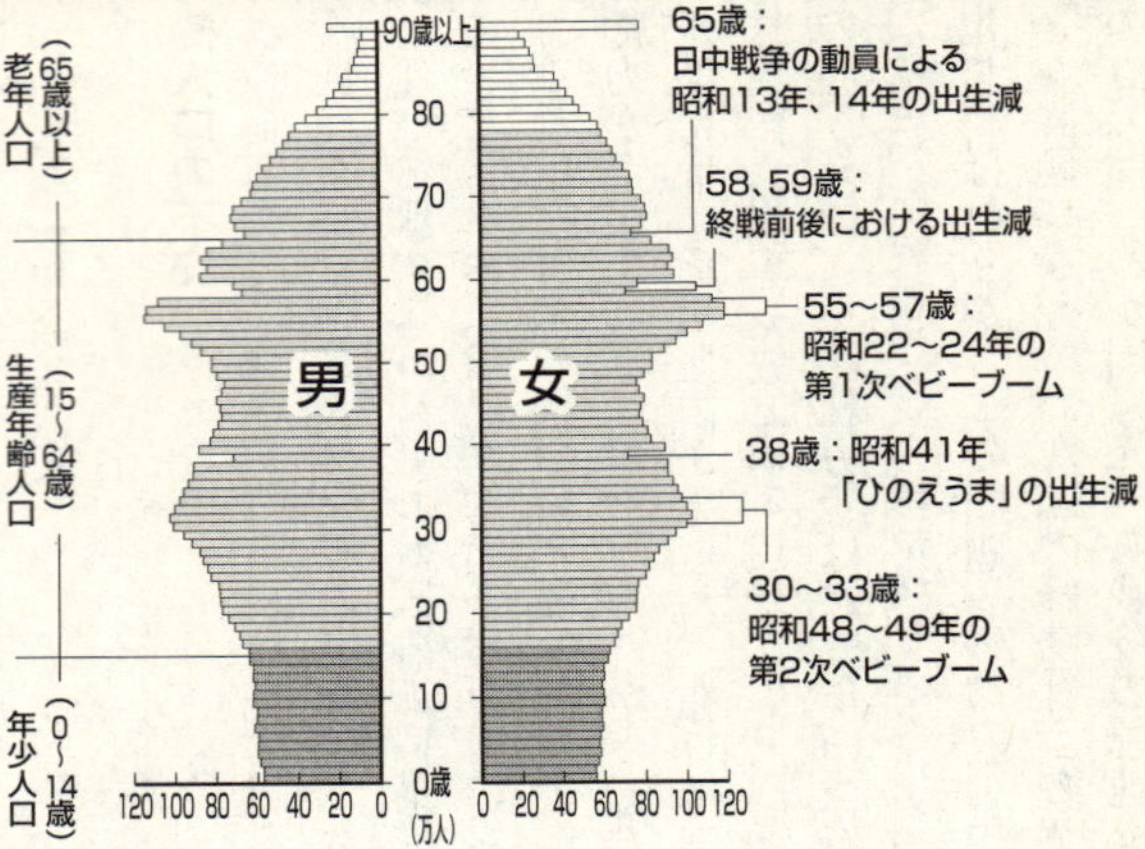

深刻な労働力不足に見舞われた旧西ドイツの例が参考になる。すなわち西ドイツでは、労・使・連邦三者協議の末、外国人労働者を、期限付きローテーション方式等、よく計画・管理された制度の下で大量導入に踏み切ったが、そのコントロールは実際には機能しなかった。そこから学ぶ原則は次のとおりである。

(1)ひとたび外国人労働者を導入すると、数は減ることなく、不況時には失業対策が必要となる

(2)帰国促進策は、財政上大きな負担がかかるが、その効果はきわめて小さい

(3)外国人を自国民の中に統合・同化することは、言うべくして行われ

6-9　旧西ドイツでは外国人の入国制限をしても人口は増加した

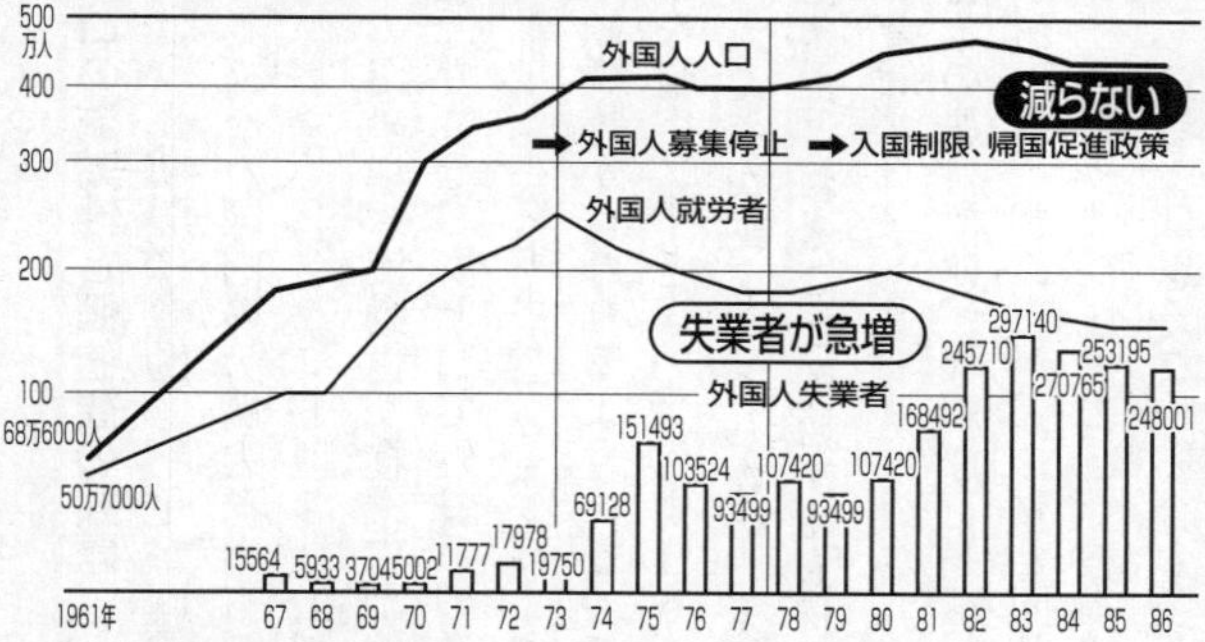

資料出所：外国人問題専門官事務所、外国人に関するデータから作成。
注：①原則として各年9月末。②外国人人口、就業者人口は単位100人。③外国人失業者は実数。

難く、教育・結婚・居住地域などの問題はなかなか解決できない

すなわち旧西ドイツでは、一九六〇年頃から導入を開始し、一九七五年には外国人人口は四〇〇万人を突破した（人口の八％）。その後は募集停止、流入規制、帰国促進等の諸政策にもかかわらず、外国人人口は減らず、外国人失業者が二九万人を超える（八三年）など、深刻な社会問題をもたらした。

「人の自由化」は、貿易や資本の自由化と違い、文化や人権の問題がからむので、取り扱いが難しい。長期の構想をもって、問題が起こる以前に先手先手を打つ賢い施策が必要だが、果たしてそれをするための心構えが我々にあるであろうか。

◉人口の流動性と価値観の課題

実は、長期的に労働力不足が問題になるのであれば、外国人の労働力に頼る以前に、本来なら国内の労働力そのものの流動化を考えなければならないはずである。それがゲマインシャフト型の社会制度と、全国一斉キャンペーン型の労働市場慣行などのために、流動性が極端に制約を受けているのが現状である。

最近でこそ、主として外資系の進出企業のニーズに応えるため、外資系のヘッドハンター（エグゼキュティブ・サーチ）会社等の活動により、少しずつ再就職先の紹介、勧誘等が行われるようになってきているが、これとても社会全体から見ればわずかな数字にすぎない。何よりも、大企業、官公庁に人が集まりすぎる。そして、その人たちが動こうとしない。あるいは動かす制度がない。そして、その背後には、「管理されることに適する人材」を社会に送り出す教育制度があるのではないかと、私は考えている。

日本の農村では、異端な行動は村八分になるという、異質を許容しないカルチャーがあった。ところが、これと同じことを現在は小学校から「いじめ」という形でやっている。恐ろしいことである。いじめられる子供がさほど許容されない個性を持っているとは思えない場合も多く、いじめるための対象を探しているのではないかと思えるほどだ。そして、それが異端になることへの潜在的恐怖心を育てているのではないか。

また、現在の入学試験制度の下では、偏差値が決まればみなが偏差値で許される範囲で、いちばんよい学校に行こうとするので、偏差値により自動的に入学先が決まるという傾向が強いことにも問題がある。校風に憧れて入学するのではないから、価値基準は一つだけである。これを生徒を受け入れる学校側から見たら、学校の個性が無視されるということであり、学校自体も没個性化が進む危険性がある。

しかし、さらにひどいのは、就職先まで偏差値的な決め方をすることである。何々をしたいからどこへ就職したいとか、追い返されても座り続けてとうとう落語家になった、などというものはないのである。偏差値的に手の届く範囲でいちばんよい就職先を決めるという態度は、メーカーであろうとサービス業であろうと、大企業であればよい、経理であろうが営業であろうが、命じられたらそれをやる、というサラリーマン製造のプロセスである。

言い換えれば、一生の中で、自らの個性や内なる希望に導かれて「決断」をする契機がなく、安全範囲の中から手の届く職場を選定したに過ぎない。しかも一度職場を選定したら、一生それに縛られてその中で序列に従い努力をするというだけの人生になってしまう。偏差値的選択の延長だから、社会の評価に順応し、個人のアイデンティティーを放棄する。再就職は多くの場合、その社会的価値の放棄につながる。

人類の歴史の中で、フランス革命前後の啓蒙期の時代は、個人が解放されて個性というものの重要性を再認識した時代であった。現在の日本には一八世紀に何が起こったかを歴史で習い、「啓蒙」という言葉は知っているけれども、自身は入試制度の中で成長して、個人としての啓蒙時期が全くなかったかのように見える人が非常に多い。つまり、自我の確立がないままに大人になって就職し、会社で一生を管理されて過ごすという訳である。これでは封建社会で支配されているのと同じことである。管理されることに適する人材を作り出す制度ということになってしまう。

そして、この個性の放棄がそのまま大きな意味で社会の人口流動化を阻害しているように私には思われる。

POINT 3

新しい時代を築くために

例えば今が幕末であったとしよう。江戸の社会というものは、いろいろな問題があったかもしれないが、それなりに安定した、平和な、良い社会であったと見ることはできる。その社会が行き詰まったとき、何が起こったか。

江戸時代は、武士という戦闘集団が、自分自身を武装解除しつつ次第に官僚化していった過程であり、さらにはその官僚武士団の支配機能が、経済的に弱体化し、社会の支配・指導能力を弱めていった過程である。

この過程が進むと、いずれにしても、国内の諸制度は、いろいろな側面で行き詰まり、なんらかの変革が起こらなければどこかで立ちゆかなくなったであろう。そのような背景があったために、黒船という外的刺激によって、情勢が一挙に流動化し、短い期間で大きなパラダイムの変質と政治体制の変革が進んだ。

戦後六〇年に余る幸せな時代に、日本的経営システムも、護送船団方式も、今や行き詰まりを感じつつある。人も、成長期のような活性を失い、漠然とした将来への不安におびえながらも、現在の「豊かな社会」の中に安住して、時の流れに従っている。

このままでいくと、あり余る外貨を抱えながら、ただため込んだままそれを活用するでもなく、やがては国内の労働人口の不足と先代からの財政のツケにより、過大な課税負担を負ったまま、座して経済の縮小時代を迎え、せっかくの遺産を食いつぶす時代が来ないとは言い切れない。あるいは環境問題やエネルギー問題、または世界の経済破綻や変動に巻き込まれて社会不安が増大し、住みにくい国家にならないとも言い切れない。

座してそのような不安な二〇二〇年を待つよりも、社会の経済単位である企業組織と個人とが、どのような変化にも立ち向かえるよう、今一度たくましい活性を呼び戻すことができないか。

この節では、「企業と社会」および「個人」の二つに分けて、新しい活性を求める図式を考えてみたい。

1 組織と社会への指針

企業組織の行き詰まり、閉塞感を打ち破るためには、いくつかの処方箋が考えられる。まず組織目的の本来に立ちかえること、情報への感度を育て、組織が本来もつべき自由度をとりもどすこと、行政を機能させ、社会の流動化をはかることが必要である。

◉エクセレント・カンパニーに学ぶ――行動・顧客・ヒトの重視

トム・ピーターズ等の名著『エクセレント・カンパニー』が翻訳・出版されたのは、一九八三年のことであった。

この著書の中では、日本企業のビヘイビアが賞揚されていることもあり、アメリカと同様、日本でもエクセレント・カンパニーは一時ブームとなった。そして、ブームの常として忘れ去られた。

私は実は、成長が終わり、バブルが去り、成熟社会の不安と閉塞感におびえる今こそ、日本企業はエクセレント・カンパニーに学ぶべきであると考えている。現在の企業の置かれている状況こそ、エクセレント・カンパニー執筆の背景となった一九七〇年代のアメリカ企業の環境と似ているからである。

エクセレント・カンパニーは、七〇年代の「日本の挑戦の前に顔色をなくし、自分を失いかけていた」アメリカ企業を奮い立たせる意図があって書かれたものである。

黄金の五〇年代を経て、ドルの相対的低落、双子の赤字、政治におけるリーダーシップの不足などの、国としてのスランプの中にあって、「エクセレンスは日本企業のものだけではない。アメリカにも、アメリカ的なエクセレンスがあるはずだ。成熟社会に達した後に、なお二〇年も高収益・成長・革新的イメージを保ち続けた会社を選りすぐって、その共通項を探ることにより、アメリカ的エクセレンスのエッセンスが見出せる」ことを意図して書かれた本である。

結論から言うならば、あらゆる経営的手法や、コンサルタントの用いる分析手法によっては、それらの会社になんらの共通項も発見されなかった。しかし、インタビュー方式に切り替えて、それらの会社のマネジメントと従業員の「行動様式や価値観」を探った結果、そこには恐ろしいほどの共通項があった。

それが「エクセレント・カンパニーの8項目」（次ページの図）である。共著者であり、私の知人でもあるボブ・ウォーターマンによれば、このエクセレント・カンパニーの8項目のうち、最も根本的なものは、最初の三項目（「行動すること」「顧客を志向すること」「ヒトを重視すること」）で、第四～第八項目は、実は一～三の系にすぎないという。そのとおりであろう。

この三つの項目を考えておきたい。

そこにあるのは、企業組織というものは、まず何よりも組織の目的に向かって単

6−10　エクセレント・カンパニーの8項目

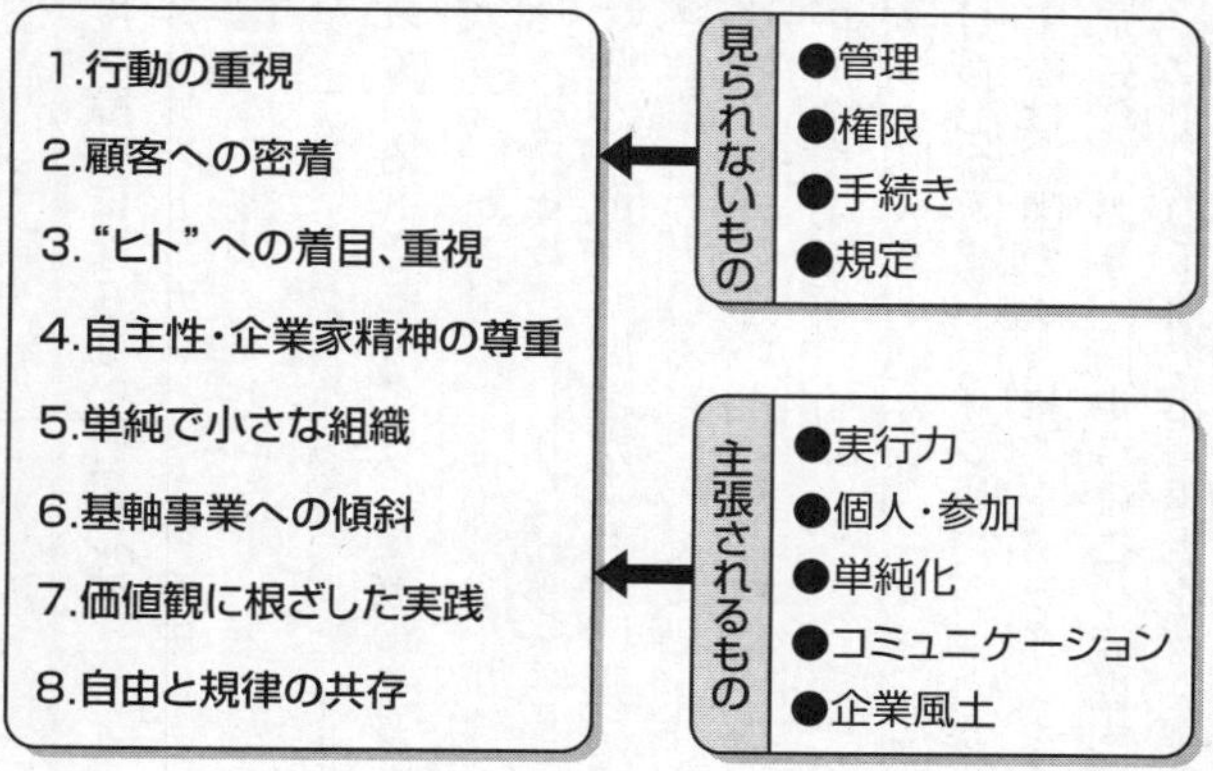

純明快に「行動する」、ということを旨とすべきだということである。その企業の目的とは、「顧客」に対して価値を提供することである。そして、「〝ヒト〟の重視」は、その行動は〝ヒト〟によってなされるものであり、管理や権限や手続きが重要なのではない、と言っているのである。

　これらの項目は、実は大企業病と裏腹の関係にある。そしてそれを、「大企業病は、ソレソレの弊害があり、ナニナニの現象がある」などと評することなく、単純明快に「行動・顧客・ヒト」と言い切ったところに意味があると、私は思う。何物にも囚われぬこの行動力、顧客志向、ヒトの大切さを組織の原点として思い出したい。

◉制度が障害にならない行動様式

『エクセレント・カンパニー』の中に、このような一節がある。

組織論の常識はエクセレント・カンパニーでは通用しない。例えば、通常の組織論では、「権限と責任は一致すべき」であり、「意思決定の責任個所とプロセスは規定されているべき」であり、「業務の中身や指示・命令・報告系統は明らかであるべき」である。

ところが、エクセレント・カンパニーでは、「とんでもない、責任は常に権限に数倍する」であり、「問題があれば、規定にかかわりなく、誰でもどこへでも、最善と目される人のところに行ってよい／また、行くべきだ」であり、「問題解決のために最適の人間の力をいかに早く結集するかが鍵であって、規定や指示系統は重視されない」のである。

私がよく引く例に、「バトン・ゾーンの思想」（次ページの図）がある。もしバトンの受け渡しがバトンライン上で行われなければならないのなら、リレーは成立しない。実際は、図のようにバトンラインを中心に前後一〇メートルがバトン・ゾーンに指定されており、両走者はこの範囲内で受け渡しをするのである。第二走者はバトン・ゾーンの手前で第一走者を待ち、第一走者が一〇メートル手前に来た瞬間、

6-11　バトン・ゾーンのメカニズム

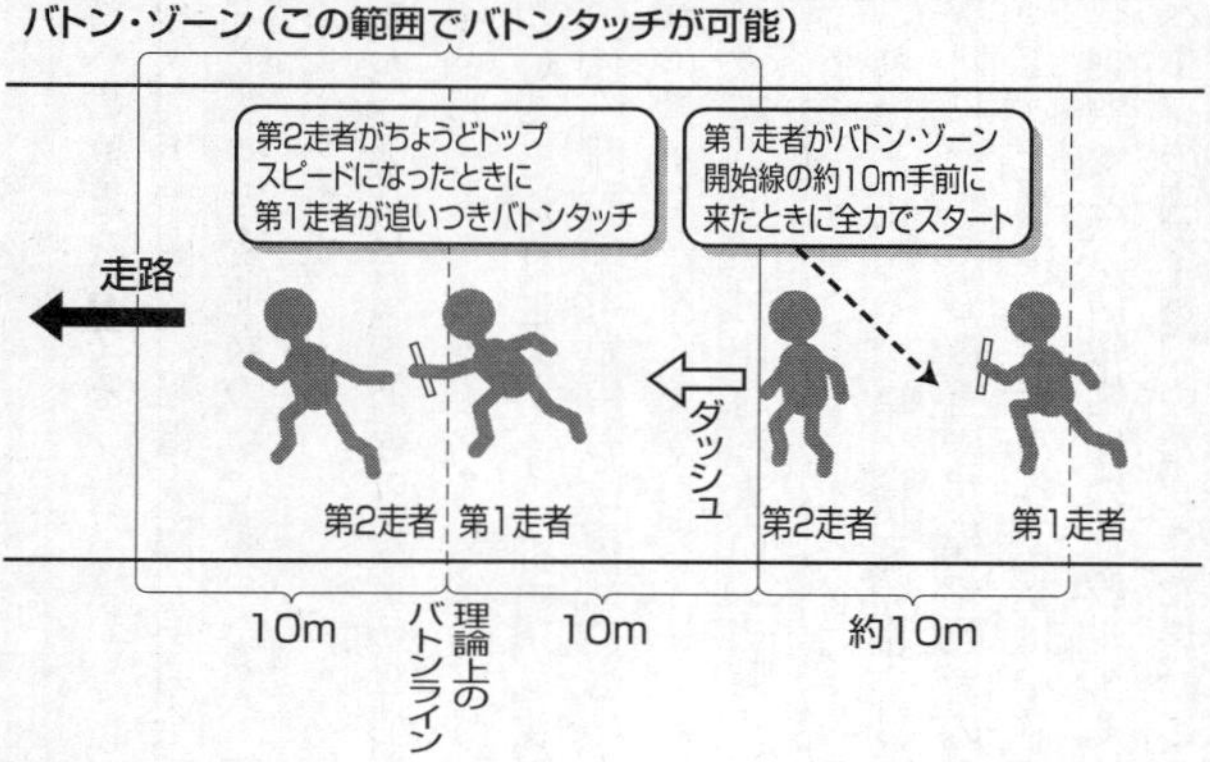

全力でスタートダッシュをする。そしてトップスピードに乗る直前に第一走者が追いつき、かけ声とともに第二走者にバトンを渡す。息のあったチームでは、これがみごとに決まる。それ故に四〇〇メートルリレーのタイムは、四人の走者の一〇〇メートルの合計タイムよりはるかに速い。

　複数間の組織の業務の連携は、かくありたいものである。組織の中で、権限とか、手続きとかが幅をきかせ、縄張りや責任範囲の議論が横溢《おういつ》すると、組織は必ずや動脈硬化を起こす。それは、組織そのものよりも、まずそれを動かす人間の、ものの考え方や行動様式の問題である。

◉情報への感度を育てる

阪神大震災の翌日、私は大阪のある会社の尊敬する社長と話をしていた。その社長は、突然の天変地異の中であったが、実に的確に、正しい情報に基づき正しい指示をしておられた。

「後さん、テレビじゃあ死者が一〇〇〇人とか一二〇〇人とか言っているようですが、本当はそんなもんじゃないそうです。私の得た情報じゃ、六〇〇〇人くらいは死者がいるということです。社員のためのあらゆる救済策と、販路各社への支援と、会社の商品で緊急にお役に立つものをすぐさま提供できるように、全力でかかるように指示しとるんですわ」

阪神大震災で、村山総理大臣（当時）に迅速・正確な情報が届かず、行政組織全体の対応が遅れたことは、いろいろ取り沙汰されている。生きている民間組織では、これほど正しく、早く情報が把握されているのに、である。マスコミの報道も、翌日になっても被害の規模や死者の数など、真実とはなお大きな差のある報道であった。それは何故だろう。私は「確認済情報」のみを正しい情報として扱う情報の収集態度と、情報処理の一般ルートにその原因があると思う。

次ページの図をみていただきたい。これは、電子体温計の温度計測の概念図であ

6−12 電子体温計検温のメカニズム

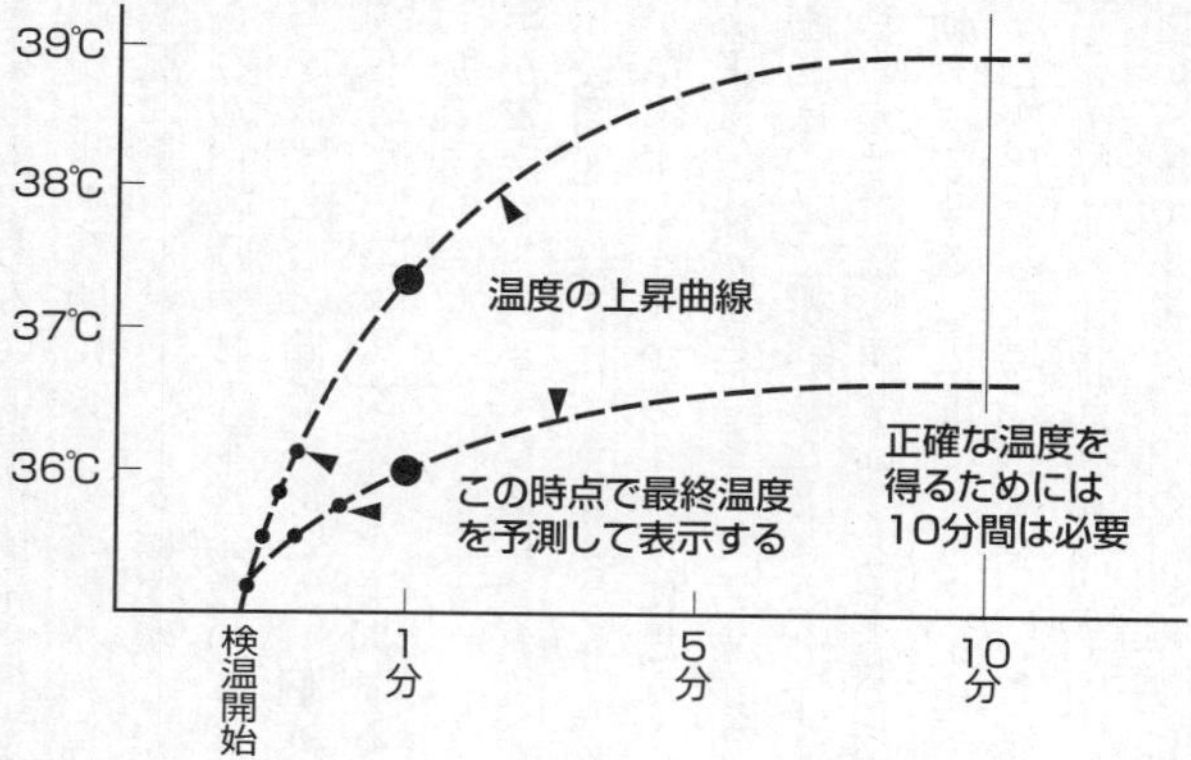

る。腋下《えきか》の体温が、正しい温度に達するためには、正確には一〇分ぐらいが必要なのだそうである。それにもかかわらず、電子体温計が一分あまりでほぼ正確な体温を示すのは、装着後に感知された温度上昇カーブの状況を敷衍《ふえん》して、一〇分後に到達するであろう予定調和点を予測し、その温度を表示することができるからである。

情報には、正しい情報、確認済情報、有益な情報、有害な情報（誤った判断を招く情報）がある。死者が五〇〇〇人を超えるのに、「死者四八名が出たと報告されています」という情報は、いくら警察により公的に確認された数字であっても、有害な情報である。死者の数は重大事項だからというので、自らが情報の発信源とならず、あるいは直接情報を得て最適数値を判断するリスクを取ろうともせず、しかるべき機関によって確認された情報のみを伝達する、というのでは、非常時の状況に正しく対応できるはずがない。

もちろん、戦時中の大本営発表のごとき、自分に都合のよい、あるいは捏造《ねつぞう》された情報を流すことは論外であるが、個人的リスクを避けるために、確認された情報のみを伝えて、ミスのないことを期するというのは、組織の情報伝達の本来のあり方とはいえない。

組織が安定し、大きくなるにつれて、都合のよい情報ばかりが流れやすくなるという一般問題のほかに、意義ある正しい情報よりも、「責任を問われないための情報」が卓越する危険があるように思うが、いかがであろう。

旧海軍に、「独断専行」という言葉があった。例えば、第一線にいる駆逐艦や巡洋艦の艦長は、敵に遭遇したときなど予定外かつ緊急の行動をしなければならない状況においては、艦隊司令部など上方の指示を仰がなくとも、自らの判断と責任で艦の行動を決定することを是とする、という考え方である。

刻々と変化する現場の状況を、いちばん良く知っているのは、第一線に立つ自分である。司令部の判断には時間がかかる。正確な判断ができるのは自分しかいない、という訳であろう。これは、情報に対する感度の良さと正しい判断力、そして何よりも、先にあげた「組織の全体目的を正しく認識して行動している」という基本的な自覚があってこそ可能なことであろう。

◉自由度を考える

ところで、先にあげた某社では、地震の直後から社長の直接命令で、社員の救済・支援に全力をあげたが、その際の最大の問題は、現地との交通途絶であったそうだ。いくら救援物資を送ろうとしても、交通網が寸断されているうえ、各方面から車が集中する。物理的に現地へ支援の手が届かないのである。

苦心の末、その会社では海路連絡することを思いつき、大阪港のタグボートをチャーターして物資搬入に成功した。しかし、その話を聞いたとき、私はさすが、と感心すると同時に、内心不思議の感に打たれた。地震発生後、一日を経過してなお、大阪港で、格好の船が入手できたということについてである。

二六三ページの図で見てもわかるとおり、淡路島対岸の明石から須磨・神戸・芦屋・西宮に至る一帯は細長く海岸に沿った都市である。あれだけ火災や救援物資の不足や、陸路交通遮断によるアクセスの困難が論じられていたのだから、近隣の船という船はすべて、しかるべき行政や支援部隊の要請を受けて、救援活動に従事しているのが当然で、余っている船など一隻もあるはずがないと思われたからである。

埠頭や桟橋の破壊もあろう。護岸の消波ブロックなど障害物もあろう。しかし非常時である。冬とはいえ、幸い天候は穏やかであった。もし近隣の各知事各市長などが一致協力して、あるいは中央政府が音頭をとって、岡山、香川、徳島、大阪、和歌山各県の漁船、観光船、連絡船などの全ての船に呼びかけて、艀船《はしけ》でも何でも、あらゆる手段で消防、救難、救援物資、要員の陸揚げを工夫すれば、多くの人が助かったのではないか。

震災の教訓から、現在、大型救難船の建造が計画されているようだが、問題の本質は、二、三の船を建造することによって解消されるべきものではない。ことは行動の自由度の問題である。昭和二〇年代や戦前の、まだ貧しかった頃の日本人であれば、もっと積極的に海上からの救援活動を活用したのではなかろうか。港湾の整備とか、漁業権とか、システム上の手続きとか、あらゆる権利義務の制約・規則の蔓延の中で、日本民族は、かつての海洋民族の精神を失い、素朴な手段として海を活用する自由度を失ってしまったのではなかろうか。

機能別に細分化された組織の活動は、その機能や権限の範囲によって逆に制約を受けるきらいがある。そして恐ろしいことに、そのような制約を受け続けていると、その中の人間もその機能の制約の範囲でしか、ものを考え行動するという発想

6−13　各地域別の死者数

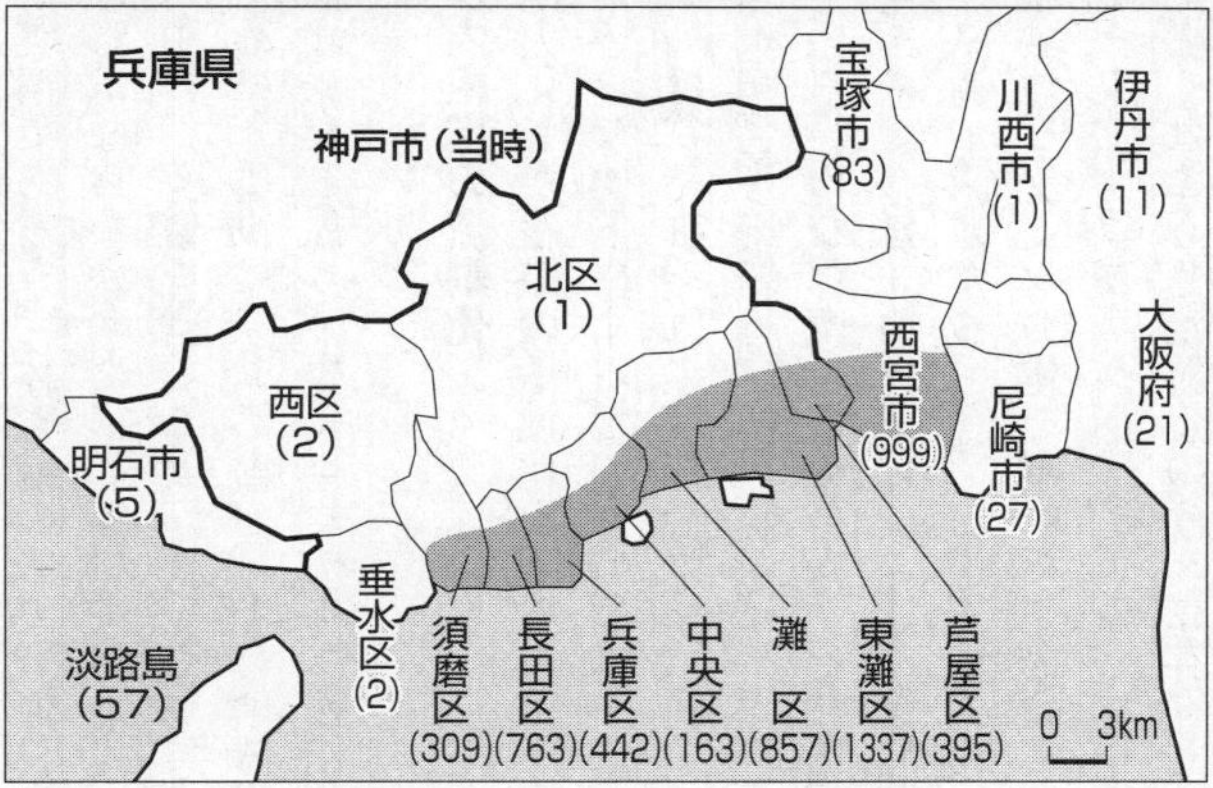

をもたなくなってしまう。結局、人間が組織に振り回され思考を制限されて、本来の組織の目的を達成するための思考や行動の自由を失ってしまうことになる。資源と力に優るはずの大組織が、本来の競争力を失う背景には、このような自由度の自縛の問題もあるのではないか。

この点で、感心したことがひとつあるので付記しておきたい。震源の淡路島北淡町で、地震の当日夕方、町長主催で三六名の犠牲者の合同葬儀が行われたことである。

不幸な震災から復興に向かう過程で、仏様の処遇ほど生き残って困難に立ち向かおうとする人の心を悩ますものはない。もちろん粗末には扱えないが、万事不如意の中、どうして良いかわからないのが実情であろう。体育館の中で、何日も肉親の仏様、他人の仏様と一緒に過ごさなければならなかった人の精神的苦痛は、耐え難いものであったと聞く。行政の機能の中に、葬儀を営むことが予定されているとはとても思えないが、非常時に住民のために一番役に立つことを、あらゆる機能を超えて実施する精神の柔軟さと行動力は立派だと思う。コミュニティーが活きていることの強さであろうか。

◉社内組織の流動化

肥大化した組織の活性化を図るには、まず、重層化した組織をフラットにすることだ。フラットにするというのには、この場合、二つの意味がある。

第一は、それぞれの機能分野に所属する個人間のダイレクト・コミュニケーション（上司を通さぬ横同士の直接対話）ということである。生産・販売・開発・経理など、いろいろな専門を持つ各人がそれぞれの経験と実務的な判断力を持ち寄り、目に見える、全員共通のアウトプットに向かって、緊密なコミュニケーションをとり、協働・協力する。

組織のピラミッド化を避けて現場の実務を志向するあらゆる工夫、例えば社内ベンチャー、プロジェクト・チーム、プロダクト・マネジャー、ロードマン制度なども、広くはこうした発想のうえに存在している。形だけでなく、7Sの観点から人材の最有効活用を目指したい。

第二は中高年を活かす組織ということである。若年労働者の供給は、今後確実に減少するのに対して、中高年は団塊の世代の二四〇万人をピークに各年次二〇〇万人を超える。

素直に考えて、若年の圧倒的人材不足を補い、日本社会の空洞化を阻止するためには、既成概念を打破して、中高年を活用した企業が勝利を得ることになるはずである。

中高年を処遇する各企業の努力は、実に涙ぐましいものがある。受け皿の関連企業、第三セクターの組織化から、出向者の打診、当てはめ、異動、はてはOB会の運営に至るまで、その苦労は並大抵ではない。

しかも、大企業の場合、出向者に対する給与の補填は、驚くほど高額だ。五〇〇〇人の出向者に一人一〇〇万円の補填をすれば、総額は実に五〇億円。社員より会社と株主の利益を優先する欧米企業では考えられないし、それが日本企業の競争力に響いてくることも否めない。同じ苦心なら中高年を活かすための努力でありたい。

日本企業の競争力の根元はあくまで人である。共同体の温かさを活かしつつも厳しさを備えて中高年を活かし切る企業文化を創造することはできないのだろうか。

そのためには、年齢に関係なく人が第一線に出て直接活動をするモラールの高い共同体組織をデザインする勇気と英知が必要なのだ。

しかるに、会社も組織も、キャンペーン型行動様式に即して、相変わらず業界ぐるみのベースアップを論じ、その片方で人員整理が取り沙汰されている。年功賃金の、生活保障給的な色彩の薄れた今日、人員削減はいっさいしないが、年功賃金は全面的に見直すという会社があってもよい。人員削減をせずに給料を五年前に戻して、抜本的な事業戦略の見直しとともに再出発する、という会社があってもよい。従業員もまた自分の報酬や役職が、年齢とともに上昇することを前提にせず、年齢、社歴にとらわれずに、誰とでもフラットな組織の中でチームを組めるようになることがのぞまれる。そして以前には一度部長を経験した人であっても、一担当として若いメンバーとフラットな関係の組織を組んで、共に一つの目的のために、協力する場面があってもよい。また、地位は常に上昇するものではなく任に合わねば平気で降格があり、しかもそれが恥をともなわずに受け入れられるものであってもよい。そのようなフラットなチームでは自分に対する評価は、チームのアウトプットと、そのチームに対する自己の貢献度で決まるはずである。

このような過程を経て、社内の組織がフラットになるにつれて社内従業員の「年齢を超えた流動化」がすすむはずである。もしそれが企業カルチャーとして定着す

6−14　会津藩の年齢別・フラットな組織の例

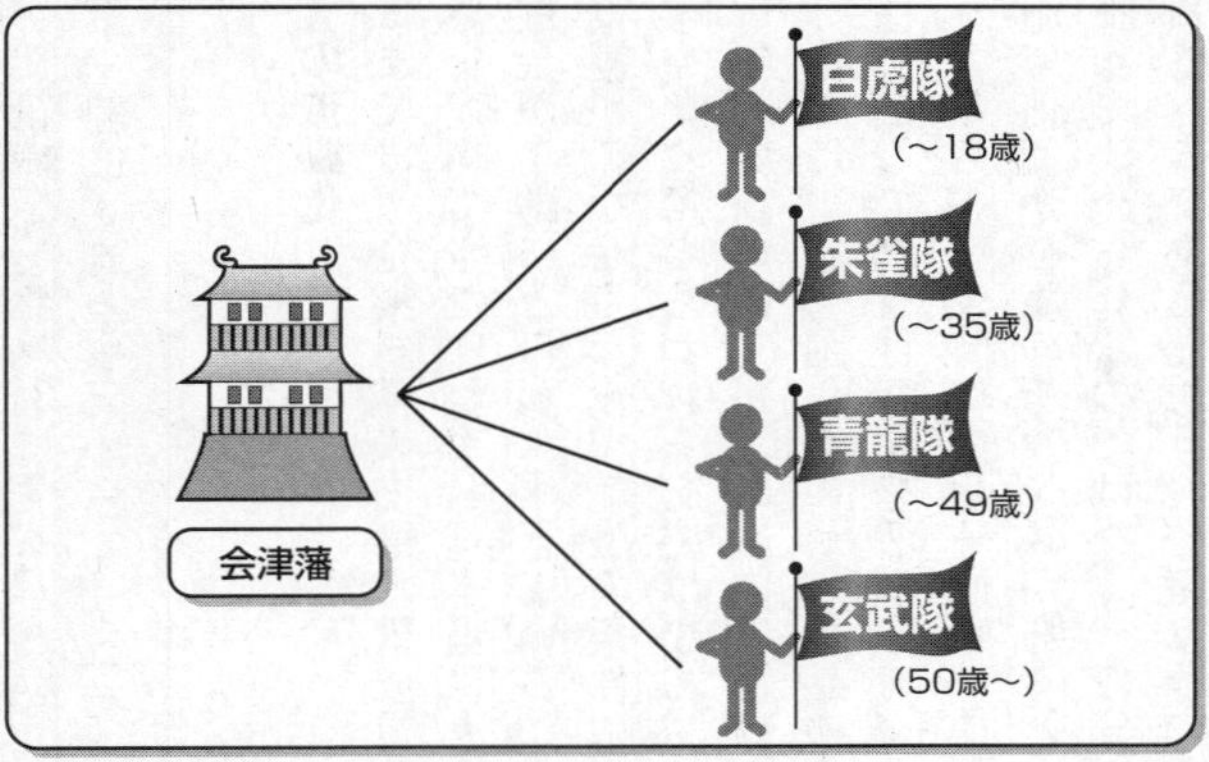

れば、社内の構成員の流動化がすすみ、高齢者を真に活かし切ることができるようになることを期待したい。

ところで、この企業内流動化の障害要因として、世代感覚のズレの問題と、プライドの問題は無視できない。「若僧の下で働けるか」という感情が存在することを否定する人はいないであろう。

現実問題として、世代ギャップの問題は、「フラットな組織」の重大な障害要因となっている。その点では、唐突なようだが、戊申戦争の折、藩士を白虎（〜一八歳）、朱雀（〜三五歳）、青龍（〜四九歳）、玄武（五〇歳〜）の四つに分け、同年輩のリーダーに率いられた多数の中隊を組織した会津藩の組織が参考になる。

これは会津藩の、危機に瀕しての智恵で

あるが、組織をフラットにする、という目的に対しては、横組織のほうが年長者も自ら第一線に立ちやすく、コミュニケーションや団結もよいということであろうか。

◉社会の流動化

ここまでは、企業組織の内部で構成員の役職・役割の流動化をまずはかることの大切さを述べてきた。しかし、本当に大切なのは社会全体の流動化である。現在は就業機会が年齢にとらわれすぎていることが、問題の根底にある。基本的に能力があり役割がこなせるなら、就職の条件に、学・経・年は不要のはずである。もちろん給与もそれにとらわれる必要はなく、アウトプットと貢献度が重要となる。もちろん、年齢の高いほうが、あるいは経験の多いほうが能力が高く給与も地位も高いということは少しも困らないが、給与の高いゆえに高齢者がきらわれるというのでは、社会として、人材資源を活かし切ったことにはならない。

それよりも、卒業時に人生一回だけの就業のチャンスという基本図式を改め、人生の中で何度か転職のチャンスがあるということが大切である。自分の人生を、会社によって決められるのではなく、自分の手でデザインすることがもっとあたりまえになるべきであると思う。一気にそのような社会が訪れることはむずかしいとしても、その方向に着実にすすむような企業内および社会のプログラムがほしい。

◉行政を機能させる

今日の日本社会のひとつの重大な問題は、行政が機能しなくなりつつあるということだ。パーキンソンの法則にあるように、行政組織は、ただひとつで競争がないゆえに肥大しやすく大企業病におちいりやすい。昨今の一連の行政と業界の癒着の不祥事や、不要な無駄遣い（東京都庁になんであのような建物が必要か、都庁の旧跡地の国際文化会館なるものは、何のために作られたか等々）をみると心が痛む。

戦後の日本の経済発展は、企業の努力はもちろんであるが、優秀な官僚組織機構の使命感と働きによるところが大きかったことは否めない。それが機能しなくなるとすれば、将来の日本にとって不幸な問題である。肥大した（にちがいない）行政を機能させる唯一最良の処方箋は「スリム化」である。不要な仕事がなくなれば、機能は向上しスピードアップもはかれる。そのためのコンピュータをはじめとした機械化はどんどんすすめてよい。

本来、機能向上のためにはフラット化・組織の小集団化が原則であるのに、現在の行革は統合して大組織をつくることを考えている。どこかに勘ちがいがある。行革の道はただひとつ。人数をいかにしたら減らせるかを徹底して考えることだ。こまかい手法を論じる紙数はないが、そのためにはＯＶＡというある程度検証された手法もある。

◉評価制度を考える

官庁に勤務していた友人が、土光行革が始まった当時、「行革なんてできっこないよ。誰も協力しないもの。外では騒いでも、中の人間で本気で自分の組織の縮小を考える者がいるはずがない」と言ったことがある。その意味を考えたい。

二年ごとに転籍する官庁のシステムの中で評価される高級官僚は、自分の在籍中に自己の所属した組織の勢力を拡大し、存在感を重くした人である。自分が所属する組織の廃止や縮小、勢力削減の努力をして出世した役人は、いないのである。これでは組織が巨大化するばかりで、環境の変化に応じて無用となった組織を廃し、スリム化をすすめる動機付けが生まれるはずがない。

新たな組織がつくられるときは、ある背景と目的の下に官僚組織は助成、許認可、規制などの権限・機能を駆使して活動し、成果が広まるとともに組織の勢力も拡大する。これは自然である。ところがその組織が特定の目的を達成し、存在意義が薄れたからといって組織を解消するという現象はあまり見当たらない。多くは目的が達成されると今度は現状の維持を目指し、必要によっては組織の目的自体を変容しても、組織の存続と活動の持続をはかることを目指すようになる。そして、そのために尽くした人間が評価される。

〝組織防衛〟という言葉があるが、合理的な理由に基づく組織内部の改廃より、組織それ自体の維持や勢力拡大が、正義となる。組織の自己目的化であり、行革と相反する、内部の正義である。行政の役割を縮小し、勢力低下をきたす「規制緩和」が行政内部からは生まれないわけである。それが市場地位の保全を利益とする業界の要求と相まって社会の変革を阻害することになる。その結果、行政はますますふくらみ、ますます時代の要請に合わなくなる。

土光行革以来、行政機構は人員も予算もふくらみこそすれ、減ったことはないのである。残念ながら日暮れて道遠しの感があるが、このまま放ってはおけない。

実は行革をすすめる上での最大の障害は、まさにこの「人の評価」の問題にある。現在の「内部の理論」に基づく評価基準が変わらなければ、行動様式が変わるはずがない。何としても組織を削減した人が評価されるような制度、行政組織内部の手をはなれ、外から人事評価できるような制度が必要である。そのためには、ガラス張りの業績評価が不可欠である。

国民の監視をつよめ、削減目標を明示し、必要なら民間の有能者を導入して、何とか「削減」を推進する方法はないものか。

2　個人への指針

組織が人によって運営されるものである以上、組織の課題を解決するのは、最終的には人である。人間は本来多機能なものであり高齢になっても眠っている能力を引き出せるものであるし、若者は自覚をたかめることによって、組織に新しい風を吹かせることができる。新しい時代のリーダーシップが育つことを期待したい。

◉ラーメン屋さんを開けるか

企業人の能力を原点に還って論ずるとき、私はよく「駅前にラーメン屋さんが開けますか」と聞く。実はラーメン屋さんを開くということは、大変なことである。まず、味の秘密・ラーメン作りの修業が不可欠。その上で店舗の場所の選定、店の設計、建設の折衝、資金手当（銀行への説明、計画書づくりを含む）が必要である。ようやく店ができると広告宣伝活動で客の誘致をはかり、店員を採用教育し、毎日の仕入れ・仕込みから接客・金銭受け払い・帳簿づけ、器具備品の補充等々、それこそ一人で八面六臂《はちめんろっぴ》、あらゆる仕事をやってのけなければならない。

人というものは、本来、多機能なものである。いろいろな機能を一人で組み立

6−15　駅前にラーメン屋さんが開けるか。多機能な仕事をこなせるか

原点

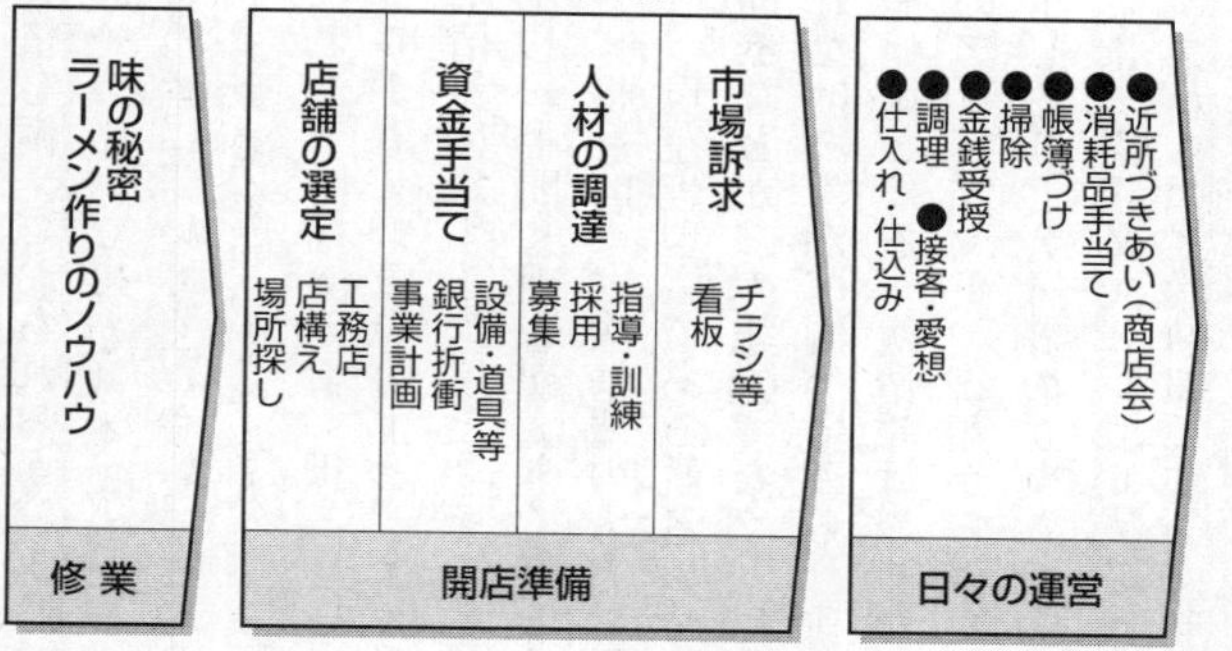

て、最高のアウトプットを出す工夫をすることができる。ところが大企業に勤めている人は、その機能のごく一部を、それも組織の上下関係の中でできるだけで、全体の仕事はとうていできないと決めてしまう。考える能力も行動能力も自己制限してしまう。本来の「人間の潜在能力」が眠っているからである。

◉伝声管体質をあらためる

あるプロジェクトで私は、発足後五年もたつのに成果があがらない新規事業の診断で、責任者である管理職（複数）にインタビューをした。そして開発・生産・販売各現場の実態や競合他社との差異について、その管理職方の認識が抽象的であるのに驚いた。たしかにみな立派

な見識と人格を備えておられるが、実際の行動は、人に指示し、報告を受けるという親会社の管理職の立場が基本になっており、少し細かい点について聞くと、「それは、担当の者に聞いてください」ということになってしまうのである。これでは自力でラーメン屋を開いている人に、経営者として総合能力で劣ることは否めない。

私は、このラーメン屋の店主と、会社の管理職の事業者としての能力を分けるものは、一次情報に対する態度と、その絶対量の差だと考えている。組織が肥大し、機能が分化し、中間管理層が大きくなると、必然的に二次情報、三次情報のやり取りが増大し、相対的に一次情報の入力は低下する。

ちなみに、現在管理職である読者の皆様は、過去一カ月に扱った情報の中で文書や部下・同僚などからの報告でなく、自分が直接現場から見聞きし、手で把握した情報がどれだけあるか、調べてみられるとよい。

自らが発信源となる一次情報はごくわずかで、商社・同僚から入手したり、コンピュータのアウトプットや書類から得たものを、社内報告・連絡のために時間をかけて再加工したり、会議等のかたちで交換・入手・加工・伝達している時間が、一日の大きな部分を占めてはいないだろうか。

そして、これらの二次情報に基づく判断機能が、トップに至るまで各階層ごとに何度も、少しずつ異なる立場で繰り返されるとしたらどうか。組織へのインプット(一次情報)の量に比して、狭い範囲での判断と伝達(プロセッシング)のエネルギーだけが増大することになる。

恐ろしいのは、このような狭い枠内での判断と、調整・伝達だけの機能を二〇年も続けると、その人の能力のうち、一次情報に対する感受性や要求度と、組織の総合目的に照らして行うべき一次情報に基づく決断力・実行力が薄れてしまうことである。さらに恐ろしいのは、管理職が、部下をそうした視点とニーズから指導するために、組織全体が中間層の多い「つりがね形」に肥大して、絶滅した恐竜のように、特定の成長環境においてのみ最適に機能する特殊な組織運営の風土が出来上がってしまうことである。

＊　＊　＊

ゴルフは楽しいスポーツである。楽しい理由はいろいろあろうが、技術・経験に関係なくあらゆる人が直接原点で行動し、その結果が自分に跳ね返ってくるからではないか。しかも技量の差をハンディという巧みな手法で解消し、だれもが対等に参加できる仕組みとなっている。すべてが一次情報であり、行動が直接アウトプットに結び付いてマズローの言う自己実現につながっている。

人は潜在的には、一次情報と直接的な行動、そしてアウトプットを楽しむ性向を持っている。それは中高年になっても変わらない。むしろ、調整機能や伝声管的機能は、長い組織生活によって矯《た》められた二次形質にすぎないのである。

原点に還って個人の能力を回復するためには、まず、情報に対する伝声管体質から改めたい。日清食品の安藤百福氏のエピソードを思い出していただきたい。

◉年齢は関係ない

先に社内の人材を流動化するためには、年齢の枠をまずとりはずしてフラットな組織を考える必要があることを述べた。経営判断や実行力の点で、人の能力は、年齢によってそう簡単に衰えるものではない。人は総合裏に生きているから、あらゆる経験は活かしさえすればすべてプラスであり、経験をつんだ分だけ高齢者は有利なはずである。

中高年が、その気になって第一線に立つと、大変な力を発揮するという好例がある。

江戸時代末期、その完成度の高さで西洋人を驚嘆させた「大日本沿海輿地全図」を完成させた伊能忠敬である。彼が天文・測量学を学び始めたのは、養子として入婿し、傾いた伊能家の家産を立て直した後、家督を長男に譲って隠居した五〇歳の時であった。彼はそののち、七〇歳までに四万キロメートルを歩いて、あの偉業を

6-16　50歳から第2の人生を歩んだ伊能忠敬（年表）

西暦	年齢	事　項
1745	0	上総国山辺郡小関村に生まれる。幼名・三治郎。
1751	6	母と死別。
1762	17	父と先夫の死亡により家督維持の危機にあった伊能家の娘ミチの婿養子となる。
1781	36	佐原村本宿組名主となる。
1786	41	天明の大凶作、この年から翌年にかけ多数の窮民を助ける。
1794	49	隠居して、家督を長男景敬に譲る。
1795	50	初めて自由を得、江戸へ出て高橋至時（天文方）の弟子となる。数年間、数学、西洋天文学、測量学の研鑽を積む。
1800	55	蝦夷地を測量して実測図を作る。
1802	57	出羽街道、陸奥から越後までの海岸、越後街道などを測量。以後、東海道、四国、九州、近畿地方等日本全国の海岸、街道筋の測量を行なう。測量日数は3,737日、測量歩行距離は約4万キロ、天体観測地点数は1,203に達する。
1815	70	近畿、中部地方の測量をして江戸に帰着。
1816	71	「大日本沿海輿地全図」（総集編）の作製に取り掛かる。
1818	73	江戸八丁堀亀島町の屋敷で死去。
1821	76	弟子たちの協力により「大日本沿海輿地全図」を完成、幕府に提出。

成し遂げた（年表参照）。

寿命の延びた今日の五〇歳が、もし目的を持てば、手足を動かすことができないはずはない。終戦時、寿命の短かった当時で、大八車を引かなかった五〇歳は少なかったはずである。戦後は大学出身者も、まず工場や販売の現場で働くことが日本企業の強みであった。現在の中高年はいささかでもその洗礼を受けた人々である。

中高年の活力を減殺する一因は、組織の巨大化に伴う「管理社会」の制度や習慣の発達にあるのではないか。そこでは、情報仲介者としての体験のみが肥大化し、自らの手足で現場に直接触れ、工夫し、第一次の判断を下して行動するという体験が失われがちであった。そして、判断、調整機能ばかりが成長する結果、現場での興奮も、命運を賭ける決断の体験もないままに、管理し管理される伝声管の役割を長期間負わされ、それが仕事なのだと勝手に決めてしまうのではないか。かくて無力感のなかで、観念的で保守的な組織維持機能と自己保全の本能が発達し、その分、新しい環境に飛び込み、第一線で自らを試す勇気が薄れてくるのである。要はやる気の問題である。

本書で引用した日清食品の創始者・安藤百福氏が、名誉も財産も理事長の地位もすべてを失って、大きな支那なべひとつを相手に即席ラーメン発明にとりくみ、寝食を忘れてチキンラーメン完成にこぎつけた年が、四八歳であったことを思い出していただきたい。

しかも、四八歳というのは、新しい事業の出発の年であり、氏の事業家としての努力とねばりはそこからはじまったものである。自叙伝の中で氏は書いておられる。

石の上にも三年という言葉がある。しかし私の場合は、五年だった。事業では三年は少し短すぎる。もし一、二年で自分の仕事に見切りをつけていれば、いつまでたっても大成しないのではなかろうか。三年やって自己満足におちいれば、そこで進歩はストップするだろう。四年、五年とそのペースをつづければ、きっと大飛躍があるにちがいない。

私は四八歳から五年間でほとんど無一文から、一つの企業の基礎を確立し東京、大阪両証券取引所に上場を果たした。

（中略）

このごろ、モーレツ経営者、モーレツ社員は、はやらなくなった。すべてにビューティフル、スマートである。それはそれでけっこうなことだろう。しかし、時代がどんなに平和になり、繁栄しているときでも、なにかを企てようとするとき猛烈な五年間が必要であることを忘れないでほしい。

◉リーダーシップを育てよう

何かの本で読んだのだが、最近の若者は、平等意識が発達し、等質公平な昇進を期待し、座学の研修とテストが好きで、人間評価には抵抗し、しかしテストにより差がつくのには素直に納得するそうだ。なんとも活力のない姿ではないか。その種の一律的育成、評価制度は、金太郎アメ型の「よい子」をつくるだけである。この「学校の延長」のような平等と座学とテストで昇進しても、リーダーシップが身につくとは、とても思えない。もしそれが次世代を担うべき若者の典型的な姿だとしたら、日本の企業の将来はあやういといわねばならない。

武田信玄は、「人は石垣、人は城」と言った。「企業は人なり」ということばもある。所詮は人があっての組織であり、人が人を動かすことによってのみ、組織は機能する。先に、わが国のリーダーシップは、組織上の地位を背景に、叱咤激励する「制度型（あるいは権威型）」か、人格のよさから部下の協力を得る「人間関係型」に傾きがちであると指摘したが、実はどちらも、行動と情報を下に依存する「おみこし型」であることに変わりはない。これだけでは座学と平等を志向する若者を正しく導いて、次世代を担うリーダーに育てることはむずかしい。

エクセレント・カンパニーの第一要件である「行動能力」のある人材を養成するには、若い時から、多様な現場で直接責任を負い、自分で考え、実証する体験を積むことが最もよい。そのためには、座学や、異動、昇進の際の悪平等にしがみつくことなく、何にでもとび込んでゆく「安住しない心」が必要である。

しかしこれだけでは、なお変動や危機に対応し、他社に先駆けて変革を推進するエネルギーとはなりにくい。戦略立案者の目を持って、「現場から直接つかんだ事実」を正しく分析し、広い視野から可能性とリスクを判断して、具体的なプログラムを立案、推進する「技術型リーダーシップ」の訓練を自らに課する必要がある。

＊　＊　＊

この本は、自社の戦略を自覚し、現状を分析して新しい戦略を打ち立てるプロセスを説明することから始めた。「先入観や慣習に縛られることなく、自社の置かれた状況を技術的・客観的に正しく認識・分析し、しっかりと将来を見つめて、好ましい選択肢を自由な発想で考える」というのが戦略立案の基本であった。

日常の業務のうちからそのような姿勢を心がけていくことにより、また、そのような体験を若者のうちから積ませるように本人も周囲も心がけることにより、「技術型」のリーダーシップは育つはずである。そうすれば、そうした努力の繰り返しの中から、遠い将来への展望を考える「ビジョン型」のリーダーシップも芽生えてくる。

組織全体に「制度に安住しない風潮」が芽生え、そうした合理的なリーダーシップが育てば、現在の組織の活力増進に役立つことはもちろんであるが、かりに個人が転職・新事業展開の立場に立っても、立派にこなしていくことができる。既得権に依存し、大樹の陰に安住するより、自らの力で常に価値観を生み、樹を育てていく姿勢が、生きがいのある人生を創り出し、会社の発展を支えていくことになるはずである。

世紀末という言葉があるが、一九九〇年代はまさに、さしもの繁栄を誇ったわが国の社会にも、将来への不安と閉塞感が満ち始めた時代であった。閉塞感がある、ということは、世の中の制度や組織がうまく機能しなくなった、人が育たなくなった、ということと同義である。

しかし、一歩下がって考えれば、そのような時代だからこそ、新しい変革のエネルギーが生まれやすい条件が整いつつある、とも言えるのではないか。

改革というものは、「上からの改革」と「下からの改革」がある。組織が自ら目覚めて、その組織（社会）の中で上からの改革を進めるエネルギーを持っている場合と、組織（社会）の不適応から来る閉塞感をバネに、制度に縛られない若い力が爆発して、新しい制度への飛躍を遂げる場合とである。

明治維新では、江戸期の幕藩体制が行き詰まることによって、外からの刺激を契機に、新しい時代を築く下からのエネルギーが充満した。それをリードしたものは、多くは旧体制の中では地位も身分も低い若者たちであった。それらのリーダーたちの年齢と業績を見ると、皆、驚くほどに若い。さらに、明治の経済界を見ても、リーダーたちの年齢が若かったことに我々は気づく。新しい価値観は、旧制度に縛られない若者たちによって、取り入れられやすいからである。

戦後の日本の経済革新は、その意味では上からの革新と、下からの革新が共存していたと言える。新しい組織（企業）もできたし、戦前からの企業の自己革新もあ

6−17 組織の成長と変革

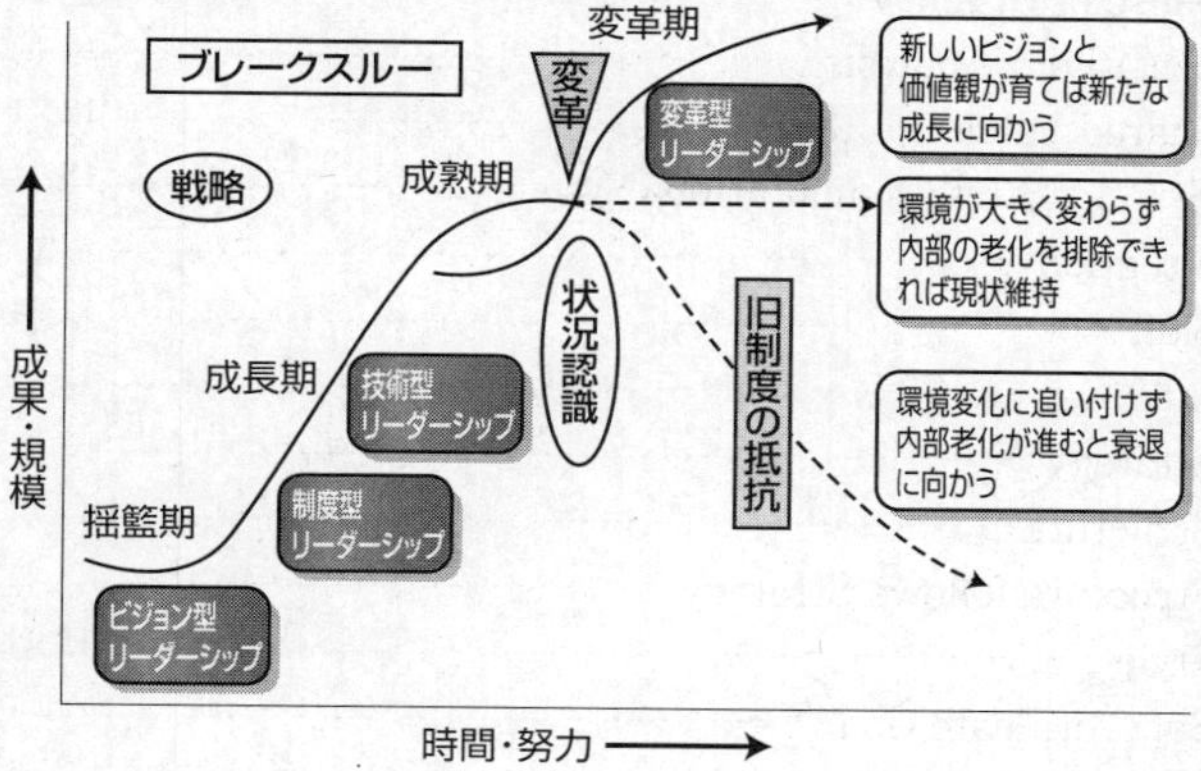

った。

二一世紀は、我々にとってどのような世紀になるであろうか。少なくとも、閉塞感がこのまま続いてズルズルと落ち込んでいくような、英国病型の時代にはなってほしくない。社会と組織の流動化が進み、活力が満ちあふれる時代であってほしい。そのためには、経済社会の核である会社の組織が、それぞれの事情に合わせて、上からであれ下からであれ、自らを改革していく姿勢を自覚して持つことが必要である。

そのようなリーダーシップが育つこと、そのようなリーダーシップを育てる自覚を組織自体が持つことを願ってやまない。

◉用語索引◉

欧文

著者紹介
後 正武（うしろ　まさたけ）
1942年東京都生まれ。65年東京大学法学部卒業、新日本製鐵勤務、在職中にハーバード大学経営学修士（ＭＢＡ・ディスティンクション）。のちマッキンゼー・アンド・カンパニー（プリンシパル・パートナー）、ベイン・アンド・カンパニー取締役副社長、日本支社長を経て、95年東京マネジメントコンサルタンツ設立。現在同社代表、ビジネス・ブレークスルー大学院教授。

事業戦略・販売・マーケティング戦略、収益改善計画、研究開発戦略、組織革新などの戦略系コンサルティングに豊富な実績を有し、大企業から中堅企業まで幅広い企業層に対してコンサルタント活動を行なうかたわら、社員の能力開発・教育訓練、講演等の活動も盛んに行っている。実務の体験に基づく具体的で成果重視の指導が好評を得ている。
主著に『経営参謀が明かす論理思考と発想の技術』（プレジデント社）、『意思決定のための「分析の技術」』（ダイヤモンド社）などの他、雑誌への論文多数。

●連絡先
㈱東京マネジメントコンサルタンツ（九段事務所）
〒102-0074　東京都千代田区九段南 2-1-32　青葉第三ビル
TEL. 03-3263-0516　FAX. 03-5226-5273

この作品は、1998年４月にプレジデント社より刊行されたものを、加筆・修正したものである。

ＰＨＰ文庫　経営参謀の発想法

2005年７月19日　第１版第１刷

著　者　後　正武
発行者　江口克彦
発行所　ＰＨＰ研究所
東京本部　〒102-8331　千代田区三番町３番地10
文庫出版部　☎03-3239-6259（編集）
普及一部　☎03-3239-6233（販売）
京都本部　〒601-8411　京都市南区西九条北ノ内町11
PHP INTERFACE　http://www.php.co.jp/

制作協力
組　版　ＰＨＰエディターズ・グループ

印刷所　共同印刷株式会社
製本所　株式会社大進堂

ISBN4-569-66413-X

PHP文庫

逢坂 剛・北原亞以子　鬼平が「うまい」と言った江戸の味
逢沢 明　大人のクイズ
逢沢 明　頭がよくなる数学パズル
逢沢 明　「負けるが勝ち」の逆転！ゲーム理論
青木 功　ゴルフわが技術
赤羽建美　女性が好かれる9つの理由
阿川弘之　日本海軍に捧ぐ
浅野八郎 監修　「言葉のウラ」を読む技術
浅野裕子　大人のエレガンス80のマナー
阿奈靖雄　「プラス思考の習慣」で道は開ける
阿奈靖雄　プラス思考を習慣づける52の法則
綾小路きみまろ　有効期限の過ぎた亭主・賞味期限の切れた女房
アレクサンドラ・ストッダード 大原敬子 訳　人生は100回でもやり直しがきく
飯田史彦　生きがいのマネジメント
飯田史彦　大学で何をどう学ぶか
飯田史彦　生きがいの本質
飯田史彦　愛の論理
飯田史彦　ブレイクスルー思考
飯田史彦　人生の価値
池波正太郎　霧に消えた影

池波正太郎　信長と秀吉と家康
池波正太郎　さむらいの巣
石井辰哉　TOEIC®テスト実践勉強法
石島洋一　決算書がおもしろいほどわかる本
石島洋一　だいたいわかる「決算書」の読み方
石島洋一　「バランスシート」がみるみるわかる本
石田勝正　抱かれる子どもはよい子に育つ
石原結實　血液サラサラで、病気が治る、キレイになれる
伊集院憲弘　いい仕事は「なぜ？」から始まる
泉 秀樹　「東海道五十三次」おもしろ探訪
泉 秀樹　戦国なるほど人物事典
泉 秀樹　幕末維新なるほど人物事典
板坂 元　男の作法
板坂 元　男のたしなみ
市田ひろみ　気くばり上手、きほんの「き」
伊藤雅俊　商いの道
稲盛和夫　成功への情熱―PASSION―
稲盛和夫 盛和塾事務局 編　稲盛和夫の実践経営塾
稲盛和夫　稲盛和夫の哲学
井上和子　聡明な女性はスリムに生きる

今泉正顕　人物なるほど「一日一話」
今川徳三　実録 沖田総司と新選組
内海隆一郎　懐かしい人びと
梅澤恵美子　額《ぬか》田《たの》王《おおきみ》の謎
梅津祐良 監修 池上重輔 著　[図解]わかる！MBA
瓜生 中　仏像がよくわかる本
江口克彦　心はいつもここにある
江口克彦　経営秘伝
松下幸之助 述 江口克彦 記　松翁論語
江口克彦　王道の経営
江口克彦　成功の法則
江口克彦 編著　成功の智恵
江口克彦　上司の哲学
江口克彦　部下の哲学
江口克彦　人徳経営のすすめ
江口克彦　鈴木敏文 経営を語る
江坂 彰　大失業時代。サラリーマンはこうなる
江坂 彰　「21世紀型上司」はこうなる
エンサイクロネット　「言葉のルーツ」おもしろ雑学
エンサイクロネット　仕事ができる人の「マル秘」法則

PHP文庫

黒鉄ヒロシ　坂本龍馬
黒鉄ヒロシ　幕末暗殺
黒部亨　宇喜多直家
ケリー・グリーソン　楡井浩一 訳　なぜか、「仕事がうまくいく人」の習慣
ケリー・グリーソン　楡井浩一 訳　だから、「仕事がうまくいく人」の習慣
小池直己　TOEIC®テストの「決まり文句」
小池直己　TOEIC®テストの英文法
小池直己　TOEIC®テストの英単語
小池直己　英語ではこう言う! 日本語の「決まり文句」
小池直己　TOEIC®テストの英熟語
小池直己　TOEIC®テストの基本英会話
小池直己　センター試験英語を6時間で攻略する本
小池直己　佐藤誠司　中学英語を5日間でやり直す本
幸運社　意外と知らない「ものの はじまり」
神坂次郎　特攻隊員の命の声が聞こえる
甲野善紀　武術の新・人間学
甲野善紀　古武術からの発想
甲野善紀　表の体育 裏の体育
郡順史　佐々成政
國分康孝　人間関係がラクになる心理学

國分康孝　自分をラクにする心理学
心本舗　みんなの箱人《ハコジン》占い
兒嶋かよ子 監修　「民法」がよくわかる本
兒嶋かよ子 監修　クイズ法律事務所
兒玉佳子　須藤亜希子　赤ちゃんの気持ちがわかる本
近衛龍春　織田信忠
木幡健一　「マーケティング」の基本がわかる本
木幡健一　「プレゼンテーション」に強くなる本
小林正博　小さな会社の社長学
小巻泰之 監修　造事務所 著　図解 日本経済のしくみ
小山俊　リーダーのための心理法則
コリアンワークス　「日本人と韓国人」なるほど事典
コリン・ターナー　早野依子 訳　あなたに奇跡を起こす小さな100の智恵
コリン・ターナー　早野依子 訳　あなたに奇跡を起こす希望のストーリー
近藤唯之　プロ野球 遅咲きの人間学
今野紀雄 監修　「微分・積分」を楽しむ本
財団法人 計量生活会館　知って安心!「脳」の健康常識
斎藤茂太　心のウサが晴れる本
斎藤茂太　逆境がプラスに変わる考え方
斎藤茂太　10代の子供のしつけ方

斎藤茂太　「なぜか人に好かれる人」の共通点
齋藤孝　会議革命
酒井美意子　花のある女の子の育て方
堺屋太一　組織の盛衰
坂崎重盛　なぜ、この人の周《まわ》りに人が集まるのか
坂崎重盛　「人間関係ぎらい」を楽しむ生き方
坂田信弘　ゴルフ進化論
坂田信弘　ゴルフ進化論 2
坂野尚子　「いい仕事」ができる女性
阪本亮一　できる営業マンはお客と何を話しているのか
阪本亮一　超「リアル」営業戦術
櫻井よしこ　大人たちの失敗
佐々木宏　成功するプレゼンテーション
佐治晴夫　宇宙の不思議
佐竹申伍　島左近
佐竹申伍　蒲生《がもう》氏郷《うじさと》
佐竹申伍　真田幸村
佐々淳行　危機管理のノウハウ・PART(1)(2)(3)
佐藤綾子　かしこい女は、かわいく生きる。
佐藤綾子　すてきな自分への22章

PHP文庫

中谷彰宏　人を動かせる人の50の小さな習慣
中谷彰宏　本当の自分に出会える101の言葉
中谷彰宏　一日に24時間もあるじゃないか
中津文彦　歴史に消された「18人のミステリー」
中西　安　数字が苦手な人の経営分析
中西輝政　大英帝国衰亡史
中野　明　論理的に思考する技術
中原英臣／佐川　峻　なにが「脳」を壊していくのか
永久寿夫　スラスラ読める「日本政治原論」
中村昭雄 監修／造事務所 著　図解 政府・国会・官公庁のしくみ
中村彰彦　幕末を読み直す
中村　晃　直《なお》江《え》兼《かね》続《つぐ》
中村　晃　児玉源太郎
中村祐輔 監修　遺伝子の謎を楽しむ本
中村幸昭　マグロは時速160キロで泳ぐ
中村義作 編／阿邊恵一 著　知って得する！ 速算術
中山み登り　「あきらめない女」になろう
中山み登り　へなちょこシングルマザー日記
中山庸子　「夢ノート」のつくりかた
中山庸子　夢生活カレンダー

奈良井安　「問題解決力」がみるみる身につく本
西野武彦　「株のしくみ」がよくわかる本
西本万映子　「就職」に成功する文章術
日本語表現研究会　気のきいた言葉の事典
日本博学倶楽部　「県民性」なるほど雑学事典
日本博学倶楽部　「歴史」の意外な結末
日本博学倶楽部　「関東」と「関西」こんなに違う事典
日本博学倶楽部　雑学大学
日本博学倶楽部　世の中の「ウラ事情」はこうなっている
日本博学倶楽部　「関東」と「関西」おもしろ比較読本
日本博学倶楽部　歴史の意外な「ウラ事情」
日本博学倶楽部　身近な「モノ」の超意外な雑学
日本博学倶楽部　歴史の「決定的瞬間」
日本博学倶楽部　歴史を動かした意外な人間関係
日本博学倶楽部　歴史の意外な「ウワサ話」
日本博学倶楽部　「ことわざ」なるほど雑学事典
日本博学倶楽部　「間違いやすい日本語」の本
日本博学倶楽部　戦国武将・あの人の「その後」
日本博学倶楽部　幕末維新・あの人の「その後」
日本博学倶楽部　ちょっと人には聞けない「愚かな疑問」

日本博学倶楽部　日露戦争・あの人の「その後」
沼田陽一　イヌはなぜ人間になつくのか
野村敏雄　宇喜多秀家
野村敏雄　大谷吉継
野村敏雄　小早川隆景
野村敏雄　秋山好古
ハイパープレス　雑学居酒屋
葉治英哉　松平容保
葉治英哉　張良
橋口玲子 監修　元気でキレイなからだのつくり方
長谷川三千子　正義の喪失
秦　郁彦 編　ゼロ戦20番勝負
畠山芳雄　人を育てる100の鉄則
畠山芳雄　こんな幹部は辞表を書け
服部英彦　「質問力」のある人が成功する
服部省吾　戦闘機の戦い方
服部隆幸　[入門]ワン・トゥ・ワン・マーケティング
花村　奨　前田利家
バーバラ・コロローソ／田栗美奈子 訳　子どもに変化を起こす簡単な習慣
羽生道英　佐々木道誉

PHP文庫

PHP文庫